Andreas Broszio

Verliebt in den Job – Vom Montagsfrust zur Montagslust!

Andreas Broszio

Verliebt in den Job

Vom Montagsfrust zur Montagslust!

Bist Du unglücklich im Job?
Dann ändere es jetzt!

Bibliografische Information der Deutschen Nationalbibliothek

Die Deutsche Nationalbibliothek verzeichnet diese Publikation in der Deutschen Nationalbibliografie; detaillierte bibliografische Daten sind im Internet über www.dnb.de abrufbar.

Verliebt in den Job – Vom Montagsfrust zur Montagslust!

ISBN-13: 978-3-732-23088-4
Copyright © 2013 - Andreas Broszio, Dinslaken
info@der-wohlfuehlcoach.de
www.der-wohlfuehlcoach.de

Illustrationen: © Rudie - Fotolia.com
Coverfoto: © Yuri Arcurs - Fotolia.com

„Herstellung und Verlag:
BoD – Books on Demand, Norderstedt"

Inhaltsverzeichnis

Das Buch

Dieses Buch ist ein Arbeitsbuch. Es soll Dir helfen, Deine Einstellung, Deine Gefühle und Deine Glaubenssätze zu ändern. Aus diesem Grund ist es bewusst kurz und knapp gehalten. Es soll motivierend sein, um Dir die Chance zu ermöglichen, Dein Leben zu ändern. Ich werde Dich nicht mit theoretischen Hintergründen langweilen – nur dort, wo es unabdingbar ist, Hintergrundwissen zu vermitteln.

Du schaust doch auch Fernsehen, ohne zu wissen wie ein Fernseher im Detail funktioniert. Du fährst womöglich Auto, ohne zu wissen, wie die Common-Rail-Technik in Deinem Diesel-Motor oder das sequentielle Sechs-Gang-Automatik-Getriebe arbeitet.

Ich wünsche Dir viel Spaß beim Lesen, aber vor allem beim Arbeiten mit diesem Buch. Es lohnt sich!

Vorwort

Ich habe es geschafft! Ich habe mein Leben komplett geändert. Mannomann, war ich als Kind schüchtern. Ich habe mich nicht mal getraut, ein Eis beim Eismann zu kaufen, wenn er bimmelnd mit seinem Eiswagen in unsere Siedlung fuhr. Sicher hat sich das im Laufe meines Lebens geändert, schon in der Schule habe ich mich mehr getraut.

Meine Eltern sagten mir auch immer, dass es wichtig ist, einen gut bezahlten und sicheren Job zu haben. Als ich mir ein Haus kaufte, sagte meine Mutter "Aber was ist, wenn Du es nicht mehr bezahlen kannst, weil Du arbeitslos wirst?" Als ich mich selbstständig machte, warnte meine Mutter „Mein Kind (ich war da schon erwachsen), such Dir doch einen sicheren Job. Selbstständig sein ist doch nichts! Wenn Du angestellt bist, dann bekommst Du jeden Monat Dein sicheres Gehalt!" Es gab immer genügend Menschen in meinem Umfeld, die vor allem und jedem gewarnt hatten, weil sie alles besser wussten oder weil sie es halt nicht wussten und alle Eventualitäten in Betracht gezogen werden mussten.

„Ist das denn die richtige Freundin für Dich?" hörte ich bei meiner ersten, zweiten, dritten Freundin. Immer wurden Veränderungen in Zweifel gezogen. Das machte mich natürlich auch unsicher, wenn man ständig alles Neue in Frage gestellt wird. Doch im Laufe meines Lebens habe ich festgestellt, dass Veränderungen gut sind. In jeder Hinsicht – sowohl im privaten als auch im beruflichen Umfeld. Jede Veränderung bringt Dir neue Erfahrungen, die unerlässlich sind, um zu wachsen und an sich zu arbeiten. Mittlerweile ist einer meiner wichtigsten Glaubenssätze:

„Ich heiße Veränderungen willkommen!"

Und ich habe meine Vision gefunden. Ich weiß, dass es gut ist eine Vision zu haben und nicht nur von einem Tag in den anderen zu leben. Mir macht es große Freude, anderen Menschen zu helfen, ein selbstbestimmtes Leben zu führen. Es macht Spaß, mitanzusehen, wie aus einem wenig selbstbewussten Menschen ein Mensch wird, der sich Dinge traut, die er selbst vor einigen Tagen nicht zu träumen gewagt hätte. Es ist schön, zu verfolgen, wie Menschen, ihre Einstellung zu Leben und Job innerhalb kürzester Zeit ändern oder Männer im Flirtcoaching sich endlich trauen, Frauen auf der Straße anzusprechen und endlich das machen, wovon sie immer geträumt haben.

Wenn ich ein Seminar für zwölf oder fünfzehn Personen anbiete und sich nur fünf Teilnehmer angemeldet hätten, würde ich dieses Seminar trotzdem stattfinden lassen – vorausgesetzt Kosten wie Raummiete, Verpflegung, Anreise- und Übernachtungskosten übersteigen die Einnahmen nicht und es bleibt noch ein wenig für mich übrig. Denn dort sitzen immer noch fünf Menschen, die ihr Leben ändern möchten und Hilfe erwarten.

Das ist meine Vision!

Der Start

Mein Tag

Ich schaue mir die Facebook-Posts an und lese „Ohhh Gott noch fünf Tage bis Freitag!". Und ich lese dies im Laufe der nächsten Wochen nicht nur einmal, sondern zigmal. Menschen, die mit Ihrem Arbeitsleben nicht zufrieden sind und sich jetzt schon auf Freitag freuen. „Mannomann!" denke ich mir, „Das kennst Du doch!". Ich war selbst in solch einer Situation. Ich bin sechs Jahre lang nach Düsseldorf gependelt. Stau auf der Autobahn – wer die Strecke Oberhausen-Düsseldorf auf der A3 kennt, der weiß, wovon ich rede. Irgendwas ist immer – Unfall, Stau aus heiterem Himmel oder was auch immer. Da fängt die „gute" Laune schon an. Ab ins Büro! Spätestens nach einer Stunde ist die Entspannung des Wochenendes verflogen. Grundsätzlich sind die Anderen nie Schuld, wenn etwas daneben geht – man versucht es immer auf die Anderen zu schieben.

Der Chef hat offenbar das gleiche Problem wie ich! Also erst mal Dampf ablassen. „Herr Broszio! Wiese klappt xy nicht? Was machen Sie eigentlich den ganzen Tag?" Wumms, das habe ich gerade noch gebraucht. Dann klingelt ständig das Telefon, weil irgendein „Kollege" außer Haus ist und mal eben das Telefon für eingehende Anrufe auf mich gestellt hat, ohne mir Bescheid zu sagen. „Mein Gott" denke ich „Das fängt ja gut an!"

Ständiges Telefonklingeln, Umsatz- und Leistungsdruck, Lieferengpässe des Lieferanten und Verkäufer aus anderen Abteilungen, die meinen, etwas Besseres zu sein, runden den Tag ab. Ach, und dann die Arbeitskollegen nicht zu vergessen, die mit Hingabe lästern, Dienst nach Vorschrift machen und sich dumm stellen. „Wenn die nur mit gleichem Engagement ihre Arbeit machen *würden - das wäre ja vor Freude gar nicht auszuhalten!"* male ich mir aus. Schadenfreude ist an der Tagesordnung, wenn bei einem Kollegen etwas schiefgeht.

Oh, hätte ich fast vergessen: Die lieben Abteilungsleiter, die sich in Meetings besonders gut verkaufen wollen und eine Schleimspur auf den frisch gesaugten Teppichboden des Chefs hinterlassen. *„Das ist ja nicht auszuhalten!"*

Dies war nur ein winzig kleiner Auszug aus einem Vormittag bei meinem letzten Arbeitgeber. Die Folgen für mein Privatleben: Schlafstörungen, ich bin mit meinen Problemen auf der Arbeit ins Bett gegangen anstatt mit meiner Frau, Streitigkeiten wegen Lappalien. Aggressivität im Straßenverkehr. Ich hätte jeden Radfahrer, der auf der falschen Seite auf dem Radweg fährt vom Fahrrad holen können. Alles, wirklich ALLES hat mich aufgeregt! Entspannungszustände? Was war das?

Das Resultat war eines Morgens auf der Arbeit ein Druckgefühl in der Brust, das sich wie ein Herzinfarkt oder so ähnlich anfühlte. Dazu ein Blackout! Name, Geburtsdatum? Keine Ahnung! Ich habe Angst, den Tag nicht zu überleben. Der Arzt sagt mir *„Mensch, sehen sie beschissen aus!" „Ja, so fühle ich mich auch!"*

Ich habe das Gefühl nicht mehr richtig atmen zu können und auf den Atemrhythmus achten zu müssen, um das Atmen nicht zu vergessen. Ich muss ständig würgen und habe Angst daran zu ersticken. Mein Gott, wie konnte es nur so weit kommen?

Verschenke nicht Dein Leben!

Gehörst Du auch zu den Menschen, die schon am Montag an Freitagnachmittag denken, weil dann die Arbeitswoche vorbei ist? Und dein Ziel ist es, die Woche gut über die Bühne zu bringen? Oder freust Du Dich schon auf die Rente, weil Du dann nicht mehr zur Arbeit musst.

Das ist schade! Denn dann verschenkst Du 5/7 (über 70%) Deines Lebens damit, darauf zu warten, dass alles besser wird. Lebe lieber im „Hier und Jetzt"! Du lebst nur einmal! Mache das Beste aus der Arbeitswoche und freue Dich über das Leben, über Deine Gesundheit, über das, was Du Dir leisten kannst, weil Du einen Job hast! Freust Du Dich darauf, wenn die Kinder aus dem Haus sind und flügge werden oder auf den Zeitpunkt, an dem Du das lang ersehnte Eigenheim abbezahlt hast? Hast Du solche Punkte in Deinem Leben gesetzt, in dem alles besser wird oder werden soll?

So etwas kenne ich. Eigentlich ist man nie richtig glücklich und zufrieden, weil man immer auf irgendetwas hinarbeitet, dass in zehn oder zwanzig Jahren besser sein soll. Ich sage Dir: „Ändere es jetzt, wenn Du unglücklich im Job ist! Entweder auf die eine oder andere Weise! Ich werde Dir in diesem Buch beschreiben, welche grenzenlosen Möglichkeiten Du hast, wenn Du Dir bewusstgemacht hast, dass es geht!

Post von der Bank

Stell Dir vor, Deine Bank schreibt Dir:

„Hallo Frau/Herr xy,

wir freuen uns, Ihnen mitteilen zu können, dass Sie bei unserem Gewinnspiel den Hauptpreis gewonnen haben.

Sie erhalten von uns jeden Tag 86400 Euro auf ihr Konto gutgeschrieben. Jedoch sind bestimmte Bedingungen an das Spiel geknüpft.

- *Sie dürfen jeden Tag den gesamten Betrag ausgeben!*

- *Alles, was sich gegen Mitternacht auf dem Konto befindet, ist verloren. Sie dürfen nichts sparen! Sie müssen es an diesem Tag ausgeben oder der Restbetrag ist verloren.*

- *Am nächsten Tag erhalten Sie wieder 86400 Euro auf das Konto überwiesen.*

- *Die Bank kann jederzeit – ohne Vorankündigung das Spiel beenden!*

Hört sich interessant an, oder? Was würdest Du mit dem Geld machen? Würdest Du jeden Tag alles ausgeben? Und denk dran: Die Bank kann jederzeit – jeden Tag - das Spiel beenden!"

Wenn Du magst, kannst Du es ab heute schon spielen! Wie? Dazu später mehr!

Ist Dein Job wirklich so schlecht?

Mache Dir zunächst klar, was Du an Deinem jetzigen Job hast! Ist er wirklich so schlecht, wie Du sagst oder immer denkst? Sieh doch erst einmal, was Dir der Job bringt! Zähle doch mal die Vorzüge Deines Jobs auf!

Übung: Pro und Contra Job

Mach Dir eine Liste mit den Pros und Contras, die Dir dein Job bringt!

Contra Job	**Pro Job**
Was gefällt Dir nicht?	Welchen Vorteil hast Du?

_____   _____

_____   _____

_____   _____

Und was stellst Du fest?

Hast Du daran gedacht, dass Du Dir viele Sachen leisten kannst, die Du ohne Job nicht hättest? Auto, tolle Wohnung, Urlaub, Elektronikprodukte, Freizeitaktivitäten usw. Du hast bestimmt eine Menge auf der „Pro-Seite" aufgeschrieben. Wenn nicht - dann denke nochmal genauer nach!

NLP

Ich lach mich tot

NLP hat mein Leben verändert! Als ich nach dem ersten NLP-Seminar bei Julian Wolf als Teilnehmer mit dem Zug nach Hause fuhr, haben mich alle Leute im Zug total doof angeschaut. Was ist passiert? Ich will es Dir erklären! Der Zug war total überfüllt. Alle Mitfahrer waren entsprechend schlecht gelaunt. Ich habe mir die Menschen genauer angeschaut und dachte mir: „Warum sind die Leute so schlecht gelaunt?" In dem Moment überkam es mich und ich bekam einen totalen Lachflash! Kennt Ihr das, wenn das Lachen nicht mehr wegzugehen scheint? Ihr müsst immer und immer wieder lachen.

Gut, ich muss zugeben, dass wir in den letzten Tagen mit dem Ankern (dazu kommen wir noch) im Seminar „Wahnsinns-Gefühlsveränderungen" erreicht hatten. Ich hätte es nicht für möglich gehalten, wie schnell man von „schlecht gelaunt" auf gute Laune umschalten kann. Julian versteht sein Handwerk wirklich! Nicht umsonst ist er einer der wenigen NLP-Master-Trainer in Deutschland, die von Dr. Richard Bandler zertifiziert sind! Und so kam es, dass in den unpassendsten Momenten im Seminar jemand anfing zu lachen und es dann eine Kettenreaktion hervorrief. Der Unterschied im Zug war jetzt, dass keiner mitlachte und sich die anderen Fahrgäste offenbar fragten, was mir nicht stimmt. Andererseits dachte ich mir aufgrund der fehlenden Lachaktivität der anderen: „Mmmmhh, offenbar kein NLPler dabei!"

NLP ist Lebensfreude

„Neurolinguistische Programmierung (kurz NLP) ist eine Sammlung von Kommunikationstechniken und Methoden zur Veränderung psychologischer Abläufe im Menschen." (Quelle: wikipedia.de)

Das hört ich erst mal abstrakt an. Wer sich auf praktischer Ebene mit NLP beschäftigt, ist verblüfft, wie schnell etwas in einem passiert. Für mich sind die wichtigsten Werkzeuge im NLP:

Ankern

Die meisten Menschen haben positive Erinnerungen an einen schönen Urlaub, vielleicht in der Sonne, am Strand. Wieder zu Hause angekommen – und natürlich traurig - dass der schöne Urlaub vorbei ist, fällt einem beim Auspacken des Koffers die Tube Sonnencreme in die Hände. Einmal dran geschnuppert – und schon ist man wieder im Urlaubsgefühl. Oder die erste große Liebe! Ihr habt vielleicht beim ersten Kuss oder Kuscheln ein tolles Lied gehört, Wenn das Lied im Radio gespielt wird, denkt Ihr wieder an diese tolle Situation.

Ankern ist ein machtvolles NLP-Instrument, das sich auf allen Sinneskanälen abspielen kann:

Gefühl (kinästhetisch)
sehen (visuell)
hören (auditiv)
riechen (olfaktorisch)
schmecken (gustatorisch)

Die beiden genannten Beispiele spielten sich auf der olfaktorischen bzw. auditiven Ebene ab.

Ankern ist also das Verbinden von Sinneswahrnehmung (Reiz) mit einem Erlebnis (gutes/schlechtes Gefühl). Das heißt, es geht leider auch andersrum. Dass Dich eine Wahrnehmung an etwas Schlechtes erinnert, und Du Dich dadurch (zunächst) schlecht fühlen kannst.

Glaubenssätze
Viele Menschen haben negative Glaubenssätze, die sie sich immer wieder sagen: *„Ich kann das nicht!"*, *„Ich bin dick!" „Alle können das besser als ich"* oder *„Ich habe immer Pech!"*

Und das immerwährende Wiederholen dieser Glaubenssätze führt dazu, dass diese ganz fest ins Unterbewusstsein gehen und dass Du es hinterher auch glaubst und Dich dementsprechend fühlst. Jetzt habe ich eine gute Nachricht für Dich! Das Ganze funktioniert auch, wenn man sich Positives einredet. Diese positiven Glaubenssätze gehen ebenso ins Unterbewusstsein und Du fühlst Dich gut. Doch dazu später mehr.

Größen-/Kapazitätsvergleich: Wenn wir uns vorstellen, dass Dein Bewusstsein so groß wie ein Fingernagel ist, so ist das Unterbewusstsein so groß wie ein Fußballplatz!!!

Ändern von Gefühlen durch Submodalitäten

Hast Du ein schlechtes Gefühl, wenn Du Dich an ein Ereignis aus Deiner Vergangenheit erinnerst? Vielleicht, weil Du in der Schule gehänselt oder gemobbt worden bist, weil Du Angst vor etwas hattest? Was passiert dann, wenn Du Dich daran erinnerst? Läuft da ein Film in Deinem Kopf ab - oder Fotos? Jetzt erinnere Dich an ein Ereignis, das schön für Dich war! Was passiert dann? Wie äußert sich das Ereignis? Was ist der Unterschied zum Beispiel SW / Farbe, hell / dunkel, weit / nah, mitte / rechts / links, aus Deinen Augen / aus der Vogelperspektive usw?

Wenn Du einmal erkannt hast, was der Unterschied zwischen der erinnerten Situation von gutem und schlechtem Gefühl ist, kannst Du es ändern! Und zwar indem Du die Submodalitäten entsprechend anpasst! Doch dazu später mehr.

Die verschiedenen Submodalitäten: (Quelle: nlpedia.de)

Visuell

analog:

- Anzahl (ein/viele Bild(er) – eine/geteilte Leinwand)
- Ansicht (Vordergrund/Hintergrund)
- Ausrichtung (gerade/geneigt/kippen)
- Begrenzung (Rahmen/Rand/Ränder undeutlich)
- Bewegung (langsam-schnell/fleißend-pulsierend)
- Bewegungsart (geradlinig/kreisförmig/schwingend)
- Dauer (kurz/lang)
- Dichte (körnig/flimmernd)
- Entfernung (nah/fern)

- Farben (pastell/grell/bunt-schwarz/weiß/warme - kalte)
- Fokus (Detail/Gesamtheit)
- Form (rund/quadratisch/rechteckig)
- Größe (klein/groß)
- Helligkeit (hell/dunkel)
- Kontrast (stark/schwach)
- Oberfläche (glatt/rau)
- Position (oben/ unten – links/rechts)
- Proportionen (größer/kleiner als normal – Verhältnis der Figuren)
- Richtung der Bewegung (von oben nach unten – von links nach rechts)
- Schärfe (klar/verschwommen)
- Seitenverhältnis (Länge zu Breite)
- transparent/undurchsichtig
- begrenzt/unbegrenzt

digital:

- assoziiert/dissoziiert
- aktiv/passiv
- Farbe/schwarz-weiß
- mit Rahmen/ohne Rahmen
- Standbild/Diashow/Film
- zweidimensional/dreidimensional

Auditiv

analog:

- Anzahl der Klangquellen
- Art der Quelle (extern/intern)
- Ausdruck (klar/gedämpft)
- Dauer (kurz/lang)

- Entfernung (nah/fern)
- Geschwindigkeit/Tempo (schnell/langsam)
- Klangcharakter (sanft/barsch)
- Klangcharakter (weich/hart)
- Klarheit (brillant/dumpf)
- Kontrast (harmonisch/ disharmonisch)
- Lautstärke (laut/leise)
- Melodie (harmonisch/disharmonisch)
- Position (innen/außen)
- Rhythmus (gleichmäßig/unregelmäßig)
- Richtung (von oben nach unten/von rechts nach links)
- Tonhöhe (hoch/tief)
- Tonqualität (nasal/volltönend/klangvoll/dünn/heiser)
- Volumen (voll/dünn)

digital:

- extern/intern
- stereo/mono

Kinästhetisch

analog:

- Anzahl (viel/wenig)
- Bereich (klein/groß)
- Beschaffenheit/Struktur (rau/glatt – weich/hart)
- Bewegung (Bewegungsrichtung, kontinuierlich – Form)
- Dauer (lang/kurz)
- Druck (stark/schwach)
- Farbe des Gefühls
- Form
- Gewicht (leicht/schwer)
- Intensität (stark/schwach)

- Kontinuum (zunehmend/abnehmend)
- Position (im/am Körper)
- Richtung (Anfang/Ende der Empfindung)
- Temperatur (heiß/warm/kalt)
- Zentrum

Olfaktorisch

analog:

- Intensität (stark/schwach)
- angenehm-unangenehm (aromatisch/verbrannt/stinkend)
- Primärgerüche (kampferartig, moschusartig, blumig, minzartig, stechend, faulig)

Gustatorisch

analog:

- Intensität (stark/schwach)
- angenehm-unangenehm
- Grundqualitäten (süß, sauer, salzig, scharf, bitter)

Fast Phobia Cure

Die Fast Phobia Cure ist eine Methode, um Ängste sehr rasch abzubauen! Dort werden mehrere Submodalitäten gleichzeitig verändert. Die Folge ist die Reduktion von Ängsten, z.B. vor Spinnen oder Höhenangst. Die erlebte Situation, die Angst macht, wird entsprechend aus einer anderen Perspektive, mit Melodien untermalt, und schwarz-weiß konstruiert. Damit wird das Gefühl für die erlebte Situation verändert.

Dein Leben, Dein Job

Jeder Tag ist ein guter Tag!

Gehen wir mal ans Eingemachte! Mit welchen Gefühlen gehst Du zur Arbeit? Was für Glaubenssätze hast Du? „Jammerst" Du gerne, wie schlecht es Dir geht? **Glückwunsch, denn dann hast Du selbst dafür gesorgt, dass es Dir nicht gut geht! Wenn sich jemand immer und immer wieder Dinge sagt, dann gehen diese ins Unterbewusstsein und verrichtet dort ihre Arbeit.**

Wenn Du Dir sagst *„Mensch, habe ich einen schlechten Job!"* und es immer wieder wiederholst, dann glaubst Du es auch und Du fühlst Dich auch so! Deshalb solltest Du auch nur positive Glaubenssätze haben, denn mit ihnen geschieht das Gleiche, wie mit Deinen negativen Glaubenssätzen! Oft genug wiederholt gehen sie in das Unterbewusste und verrichten dort ihre Arbeit.

Also reframe Deine negativen Glaubenssätze – gib Ihnen eine andere Bedeutung:

Übung: Deine negativen Glaubenssätze

Schreibe all Deine negativen Glaubenssätze auf:

z.B. *„Ich habe einen schlechten Job!"*, *„Ich bin im Job total überfordert!"*, *„Ich kann .... nicht!"* usw. Verstehst Du, was ich meine? Also deine Gedanken, die Du hast – was Du glaubst!

1. _____

2. _____

3. _____

4. _____

5. _____

Streiche alle Generalisierungen!

Wörter wie „Alle", „Immer", „Keiner" sind Generalisierungen sind Verallgemeinerungen, die NIE zutreffen.

„Alle Chefs sind Idioten!" ist eine Generalisierung! Kennst Du nicht einen einzigen Chef, der kein Idiot ist? Vielleicht bist Du in Deinem

Berufsleben auf Vorgesetzte gestoßen, die Du so empfunden hast. Was ist mit Deinen Freunden, Bekannten usw.? Gibt es keinen Einzigen der sagt „Mein Chef ist toll!"?

Du siehst, dass Verallgemeinerungen überhaupt kein geeignetes Mittel sind, um Dich aus Deiner Situation zu befreien! Lass es einfach weg, dann wird daraus „Mein Chef ist ein Idiot!"

Alles hat auch sein Gutes

Und das meine ich auch so! Aus jedem negativen Glaubenssetz kannst Du auch etwas Gutes abgewinnen!

„Ich kann nicht auf fremde Menschen zugehen, weil ich schüchtern bin!" könnte ein negativer Glaubenssatz sein. Wie könnten wir ihn umformulieren? Bist Du stattdessen vielleicht ein zuverlässiger Mensch, den Deine Freunde schätzen? Oder schätzen Dich Menschen für Deine unaufdringliche Art?

Refraimter Glaubenssatz

„Ich kann nicht gut auf Menschen zugehen und neue Kontakte knüpfen, jedoch mögen mich meine Freunde für diese unaufdringliche Art!"

Merkst Du den Unterschied?

„Mein Chef ist oft sehr ungerecht und kritisiert viel, aber er hat eine klare Linie und weiß, was er will!"

„Mein Chef ist ungerecht, hat aber die Umsatzziele immer im Hinterkopf, was meinen Arbeitsplatz sicherer macht, weil es der Firma dann besser geht!"

Übung: Refraime Deine Glaubens-sätze

Betrachte noch einmal Deine negativen Glaubenssätze, streiche alle Generalisierungen und ersetze sie:

Alle Chefs > Mein Chef

Nie > oft usw.

Dann refraime sie (bringe einen Nutzen ins Spiel – für was könnte es gut sein?) und gib ihnen einen anderen Rahmen:

1 _____

2 _____

Und? Ist es Dir schwer gefallen? Es ist mitunter nicht einfach, den Nutzen zu sehen – **aber dieser ist IMMER vorhanden!**

Ressourcenanker

Wie wäre es, wenn Du immer und zu jeder Zeit, mentale Schwäche in Stärke und Kraft verwandeln kannst? Ich habe im Rahmen des NLP-Master-Seminars diesen Ressourcenanker mehrfach gebraucht. Warst Du schon einmal in einem Hochseilgarten? In vielen Gärten gibt es einen sogenannten Pamper-Pole. Das ist ein Stamm, der aus der Erde ragt und mehrere Meter hoch ist. Wenn Du unten stehst und nach oben schaust sieht es gar nicht so dramatisch aus. Oben angekommen sieht es aber ganz anders aus. Zwar ist man gesichert und wird von anderen Teilnehmern gehalten, falls man abstürzt – doch die „Sicherheit" wird trotzdem verdrängt. Die Problematik ist, dass Du – oben angekommen - die Haltegriffe loslassen, aus der Hocke herauskommen und auf eine kleine reisrunde Fläche steigen musst. Ach so, und das Ganze wackelt auch noch! Die Hände schwitzen und die Beine werden weich und beginnen zu zittern. Alle rufen: „Steh auf! Du musst loslassen! Wir fangen Dich auf!" „Jaja, ich mach das gleich! Oder auch nicht!" denke ich mir. Dann löse ich meinen Ressourcenanker aus und fühle mich stark. Also mache ich es!

Ressourcenanker für Stärke installieren

Einmal installierter Ressourcenanker hilft Dir, Dich stark zu fühlen. Immer dann, wenn Du mehr Kraft brauchst, um schwierige Situationen meistern zu müssen, setzt Du ihn ein.

- Erinnere Dich an einen Moment in Deinem Leben, in dem Du mental stark warst und Dich gut gefühlt hast! Eine Situation, auf der Du stolz auf Dich warst!

- Wenn Du in dieser Situation in der Vergangenheit bist, lass das schöne Gefühl des Stolzes, der Stärke und der Kraft in Dir aufsteigen! Wenn dieses Gefühl hochkommt, dann machst Du eine Faust! Wiederhole dies! Dann mach es mit anderen Situationen, in denen Du Dich ähnlich toll gefühlt hast!

- Dann denke an was Anderes (Separator State), zum Beispiel was Du gefrühstückt hast, was Du heute Abend machen wirst!

- Jetzt löse den Ressourcenanker aus, indem Du eine Faust machst! Wie fühlt sich das an? Bist Du wieder in den State der Kraft? Diesen Anker kannst Du immer wieder auslösen, wenn Du ihn benötigst. Hat sich das Gefühl beim Auslösen des Ankers noch nicht eingestellt, so übe weiter, um ihn zu installieren. Es funktioniert!

Entspannungsanker installieren

Auf die gleiche Art und Weise kannst Du Entspannungsanker installieren, die Du jederzeit abrufen kannst, wenn Du aufgeregt oder unentspannt bist.

Die Installation des Ankers funktioniert analog zur Installation des Ressourcenankers für Stärke und Kraft. Erinnere Dich an eine Situation in Deinem Leben, in der Du Dich sicher und entspannt gefühlt hast! Lass dieses tolle und entspannte Gefühl in Dir hochkommen! Wenn Du es fühlst, dann setze einen Anker! Ich empfehle Dir dazu einen unauffälligen kinästhetischen und gleichzeitig einen auditiven Anker.

Als kinästhetischen Anker kannst Du Daumen und Zeigefinger zusammenpressen und als auditiven Anker räusperst Du Dich! Dies hat den Vorteil, dass Du in einer aufregenden Situation, z.B. vor einer Rede, vor der Du Lampenfieber hast, unauffällig Daumen und Zeigefinger zusammenpressen und Dich räuspern kannst. Das fällt gar nicht auf!

Immer, wenn Du den Anker brauchst, löst Du ihn aus und bist wieder in dem State der Entspannung!

Hör endlich auf zu jammern!

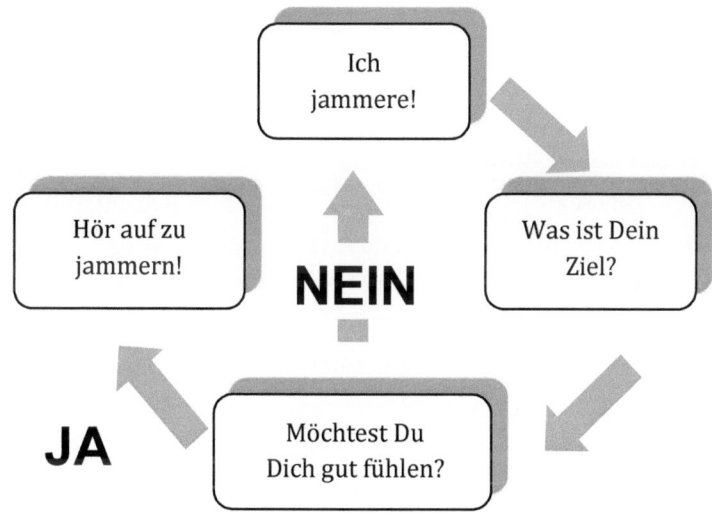

Das ist wohl ein Teufelskreis! Du fühlst Dich unwohl im Job? Dann jammerst Du bestimmt, wie schlecht Du es wahrscheinlich hast? Und deine Kollegen blasen ins gleiche Horn. Und fühlst Du Dich dann besser? Wahrscheinlich nicht! Denn ihr schaukelt Euch höchstens alle gemeinsam hoch.

Überlege Dir immer, was eigentlich Dein Ziel ist!

Was ist Dein Ziel?

Du möchtest Dich doch besser fühlen im Job, oder? Dann lass das Jammern! Denn das ständige Nörgeln ist ein gefundenes Fressen für Dein Unterbewusstsein. **Denn das Unterbewusstsein kann Dein Freund oder auch dein Feind sein!** Alles was Du ihm eintrichterst, wird gespeichert und in Glaubenssätze und Gefühle umgewandelt. **Und Du möchtest doch nicht, dass Du Dich immer schlechter im Job fühlst. Also lass es!**

Bring Dich in gute Stimmung

Wenn Du aufhörst zu jammern, fühlst Du Dich schon von Grund auf besser. Damit hast Du schon mal einen Schritt in die richtige Richtung gemacht. Du kannst Deine Stimmung noch wesentlich verbessern! Ich habe Dir ja schon mal gesagt, dass Du Dich so fühlst, wie Du es Dir einredest. Also schlechte Glaubenssätze, schlechte Stimmung und damit auch ein schlechtes Gefühl. Das möchtest Du doch nicht! Stell Dich doch mal vor den Spiegel und mach ein fröhliches Gesicht und lächle dabei! Steh aufrecht und selbstbewusst vor dem Spiegel! Dann sagst Du: *„Ich fühle mich so schlecht! Ich fühle mich so schlecht"* Wiederhole es ruhig ein paar Mal. Du kannst Dich gar nicht schlecht fühlen, wenn Du ein fröhliches Lächeln auf den Lippen hast.

Anders herum klappt es auch nicht. Mach ein schlecht gelauntes oder trauriges Gesicht und sage: *„Ich fühle mich heute so gut! Ich fühle* *mich heute so gut!"* Du wirst Dich nicht gut fühlen, denn die Mimik spielt eine wichtige Rolle beim Befinden. Wenn Du jetzt noch wie ein geknickter, trauriger Mensch dastehst und deine Körperhaltung entsprechend änderst, wird es noch schwieriger, gute Laune zu bekommen. Du siehst Mimik und Körperhaltung sind sehr wichtig, um sich gut zu fühlen.

Wenn Glaubenssatz, Mimik und Körpersprache positiv und lebensbejahend sind, dann kannst Du Dich ganz schnell in eine tolle Stimmung versetzen!

Übung: Supertolles Gefühl

Die nachfolgende Übung habe ich von Tom Krause, einem der besten Hypnotiseure Deutschlands, der mir vieles beigebracht hat.

Nimm eine selbstbewusste, aufrechte Körperhaltung ein! Lächle! Dann sagst Du zu Dir laut. „Haaaaaaaaa! Ich habe mich noch nie so gut gefühlt wie jetzt! Haaaaaaa! Ich habe mich noch nie so gut gefühlt wie jetzt!" Das machst Du mantra-mäßig 5 bis 10 Minuten. Das Resultat ist, dass Du Dich wirklich noch nie so gut und wohl gefühlt hast.

Diese Übung kannst Du immer machen, wenn Dir danach ist und wenn Du alleine bist. Nach einem Krach mit dem Chef oder einem Kollegen gehst Du vor die Tür und machst diese Übung. Nach ein paar Minuten fühlst Du Dich wieder gut und voller Tatendrang.

Mantra (Sanskrit: mantra m. ‚Spruch, Lied, Hymne') bezeichnet eine meist kurze, formelhafte Wortfolge, die oft repetitiv rezitiert wird. Diese Wiederholungen des Mantras oder des Namens einer Gottheit werden manchmal auch Japa oder Nama-Japa genannt. Mantren können entweder sprechend, flüsternd, singend oder in Gedanken rezitiert werden. Sie können auch aufgeschrieben (Likhita-Japa) und in dieser Form sogar gegessen werden. Im Hinduismus, im Buddhismus und im Yoga ist das Rezitieren von Mantren während der Meditation sowie im Gebet üblich.

(Quelle: wikipedia.de)

Auditive Belief Change

Die Stimme, Tonhöhe und Sprechgeschwindigkeit können schon Gefühle in Dir ändern. Ich hatte Dir schon die Submodalitäten vorgestellt. Wenn Du Änderungen im auditiven Bereich vornimmst, kannst Du die Verbindung aus Glaubenssatz und schlechtem Gefühl trennen! Mach dazu folgende Übung!

Übung: Auditive Belief Change

Suche Dir einen negativen Glaubenssatz und spreche ihn mit normaler Sprechgeschwindigkeit! Wie fühlst Du Dich?

- Löse Deinen Ressourcenanker aus!

- Sprich den negativen Glaubenssatz jetzt schnell!

- Ressourcenanker auslösen!

- Sprich den negativen Glaubenssatz langsam!

- Ressourcenanker auslösen!

- Sprich den negativen Glaubenssatz sehr langsam!

- Ressourcenanker auslösen!

- Sprich den negativen Glaubenssatz jetzt sehr schnell mit einer Art Mickey Mouse-Stimme!

- Ressourcenanker auslösen!

Und? Wie ist es Dir ergangen? Hast Du vielleicht sogar beim letzten Sprechen des Glaubenssatzes mit Mickey Mouse-Stimme lachen müssen? Das ist gut!

Jetzt prüfe, welche Veränderung stattgefunden hat! Dazu denkst Du erst noch einmal an etwas ganz anderes, zum Bespiel, was Du am Wochenende gemacht hast oder was Du gegessen hast (Separator State)!

Jetzt sprich den negativen Glaubenssatz noch einmal in normalem Sprechtempo! Und, was fühlst Du? Hast Du gemerkt, dass sich das nicht mehr so anfühlt, wie vorher?

Wir haben also die bei Dir unbewusste entstandene Verbindung von negativem Glaubenssatz und schlechtem Gefühl aufgelöst. Fantastisch, oder?

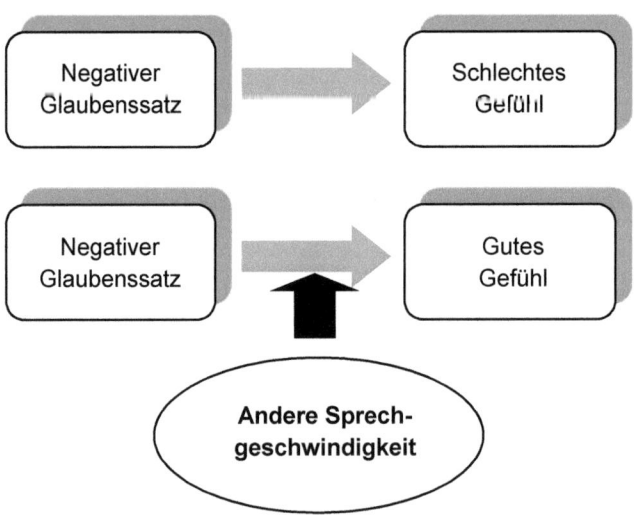

Du und Deine Subpersönlichkeiten

Du hast dich bestimmt auch einen inneren Schweinehund. Er sagt Dir immer, was Du nicht machen sollst. Immer, wenn Du Dir gerade etwas vorgenommen hast, wird er wach und redet mit Dir. *„Das brauchst Du doch nichts nicht machen! Morgen ist auch noch ein Tag!"* Und er ist ziemlich mächtig, nicht wahr? Er sorgt dafür, dass Du Deinen Plan doch wieder über den Haufen wirst.

Das ist eine der Subpersönlichkeiten. Einige von diesen „Persönlichkeiten" arbeiten im Bewusstsein, andere im Unterbewusstsein. Es ist wichtig zu wissen, dass es sie gibt – die Subpersönlichkeiten, die Dein Verhalten und Denken ändern. Das Gute an der Sache ist, dass man sie zum Vorteil für sich nutzen kann.

Weitere Subpersönlichkeiten sind zum Beispiel:

1. Das innere Kind
2. Vater / Mutter
4. Der Realist
5. Der innere Arzt
6. Der Historiker

Ein Werkzeug im NLP ist das Six-Step-Reframing. Dort kann man auf der unterbewussten Ebene Subpersönlichkeiten miteinander kommunizieren lassen. Beispielsweise bei Angst. Die eine Subpersönlichkeit ärgert sich womöglich über Deine übertriebene Angst, während Dich die andere nur vor Gefahren schützen möchte. Bei dieser Methode lässt Du die beiden „Gegenspieler" in Kontakt treten und sie finden einen gemeinsamen Weg. Klingt verrückt? Funktioniert aber!

Dreist kommt weiter

Mach es doch genau so!

Den Spruch kennst Du sicherlich. Wie oft, hast Du Dich über dreiste Menschen geärgert, die sich an der Kasse vorgedrängelt haben, Die Leute, die Dir einen Parkplatz vor der Nase weggeschnappt haben! *„Mistkerl!"* hast Du vielleicht gesagt, und Dich geärgert.

Und was ist mit den Mitarbeitern, die bei Deinem Arbeitgeber befördert werden, während Du Dir Aussichten auf diesen Job gemacht hast? Ok, hat nicht unbedingt etwas mit dreist zutun – aber die können sich bestimmt besser verkaufen, als Du! Und das zählt oft leider im Arbeitsleben. Aber zu dem Thema kommen wir später nochmal.

Also will ich auf das Thema Dreistigkeit zurückkommen. Und auf den Satz „Dreist kommt weiter!". Ist es nicht wirklich so, dass dreiste Leute weiterkommen und einen Vorteil im Leben haben? Und warum bist Du nicht ein wenig dreister? Ich kann es Dir sagen, weil Du immer nur daran denkst, was andere Menschen über Dich denken könnten. Bei jeder möglichen Peinlichkeit machst Du Dir immer Gedanken über andere Leute, wie sie Dich sehen. Vielleicht tuscheln sie sogar hinter Deinem Rücken. *„Na und!"* sagt ich dazu. *„Was kümmern mich die Gedanken anderer Leute?"* Ich kenne sie doch gar nicht oder habe ein distanziertes Verhältnis zu Ihnen. Die gleiche Beobachtung kann ich auch bei Flirt- und Ansprechverhalten von Männern machen. Sie haben zig Ausreden, warum gerade jetzt die Frau nicht angesprochen werden sollte bzw. darf.

„Was sollen denn die Leute denken, die das mit anhören?" oder *„Was ist, wenn sie mich auslacht?"* oder sonst was. Es ist immer das

Gleiche! Und so ähnliche Gedanken schwirren in Deinem Kopf herum, wenn Du irgendwas Dreistes machen sollst. **Und ich sage Dir, dass Deine Sorgen und Ängste völlig unbegründet sind.**

Du bist einfach zu bequem geworden und hast Dich in Deine Komfortzone zurückgezogen. Ich sage dazu auch gerne „Bequemlichkeitszone".

Komfortzone oder Bequemlichkeitszone

Ein Coach und Trainer, dessen Name mir leider nicht einfällt, sagte

„Die Angst ist das Tor zu MEHR!"

Und damit hat er verdammt Recht! Deine Angst vor Peinlichkeit, Zurückweisung, vor „hinter Deinem Rücken tuscheln" usw. lähmt Dich und sorgt davor, dass Du mutige Dinge nicht tust! **Und das ist schade, denn Dir entgeht sehr, sehr viel!** Jedes Mal, wenn Du Angst hast, Dich zu blamieren, sagt Dir eine Deiner Subpersönlichkeiten *„Tu es nicht! Du könntest Dich blamieren!"*

Ja, ok, Deine Subpersönlichkeit möchte Dich schützen! Jedoch vergisst sie, den Nutzen und die Nachteile abzuwägen. Er sieht nur die Nachteile! Und selbst die sind unbegründet! **Denn was kann schon passieren?** Wir werden uns im weiteren Verlauf noch mit dem Worst-Case-Szenario auseinandersetzen.

 **Also, was kann schlimmstenfalls passieren, wenn Du etwas machst, das außerhalb Deiner Komfortzone liegt? Was kann das schon sein?**

Dass fremde Leute schimpfen oder Dich angucken? Wenn Du sie nicht kennst – so what?! Im Job sieht dies vielleicht anders aus! Mach Dir jedoch immer klar, dass nichts Schlimmes passieren kann! Sieh nicht nur die Nachteile (auch die solltest Du nach dem Worst-Case-Szenario abwägen). Denke auch über die evtl. verpassten Chancen nach. Jedes Mal, wenn Du Lampenfieber oder schwitzige Finger hast, dann hast Du die großartige Chance, Deine Bequemlichkeitszone zu verlassen. Mach es! **Wenn Deine Köper Dir signalisiert, dass Du**

aufgeregt bist, dann hast Du die große Chance MEHR zu bekommen!

Und jetzt kannst Du das mal üben. Wenn Du es getan hast, wirst Du sehen, wie toll es sich anfühlt!

Übung: Komfortzone verlassen

Die ersten Schritte

- Gehe durch die Fußgängerzone und sieh den Menschen, die Dir entgegenkommen in die Augen! Löse den Blick erst, wenn sie wegsehen!

- Mach Verkäuferinnen, Verkäufern ein Kompliment für die tolle Beratung oder für ihre professionelle Arbeitsweise!

- Mache einer Arbeitskollegin oder einem Kollegen ein Kompliment, das Du sonst nicht machst! Zum Beispiel über die Kleidung, Schmuck usw. (Keine Anzüglichkeiten!)

- Sprich einen Fremden auf der Straße an, woher er denn das ein oder andere Accessoire / Kleidungsstück hat!

- Sag einem Mann oder einer Frau, die Du nicht kennst, dass sie/er ein tolles Parfum hat!

Jetzt werden wir mutiger!

- Gehe nach McDonalds und bestelle Currywurst, Pommes, Majo! (Ach ne - Currywurst gibt es da ja jetzt auch schon) Dann bestelle einen Teller Erbsensuppe! Komm nach 10 Minuten wieder und bestelle einen Gyrosteller!

- Gehe in die Fußgänger und sage zu wildfremden Menschen, dass Du geknuddelt werden möchtest!

- Steh im Zug oder im Bus auf und erzähle einen Witz!

- Sage einem fremden Menschen auf der Straße, dass er/sie toll aussieht!

- Ziehe Dir ein T-Shirt mit einem provokanten Spruch an und gehe langsam durch die Fußgängerzone! (Ich habe eins mit dem Spruch: *„Zufiehl SEX macht doov!"*
- Gehe an der Kasse an der Schlange vorbei, sage „Darf ich mal durch?! Ich bin Arzt!" Und drängle Dich damit vor!

- Gehe mit erhobenen Armen durch die Fußgängerzone, als ob Dir jemand mit Pistole folgt!

- Stelle Dich vor den Hauptbahnhof und frage, wo sich der Hauptbahnhof befindet! Oder der Eiffelturm!

Na, wie war es? Du warst bestimmt aufgeregt, Und jetzt stell ich Dir die alles entscheidende Frage!

Hast Du es überlebt?

Ich denke mal „Ja!". Du hast gesehen, dass es sich vielleicht zunächst unangenehm anfühlt. Mit jeder neuen Übung oder mit jeder Wiederholung fühlt es sich besser an! **Du siehst, es passiert Dir nichts! Vielleicht lachen die Leute oder schütteln mit dem Kopf. Das war es!**

Du sollst im Job zwar nicht die gleichen verrückten Dinge machen, aber wie gesagt, überlege Dir immer „Was kann schlimmstenfalls passieren, wenn ich jetzt im Meeting aufstehe und das Wort als erster ergreife?"

Warte nicht, bis es ein Anderer tut!

Liebe Dich selbst!

Du gut kannst!

Bevor Du andere Menschen respektierst und „über" den Problemen stehst, musst Du lernen, Dich selbst zu lieben! Magst Du Dich selbst? Oder hast Du Selbstzweifel? **Wie sollen Dich andere Leute mögen, wenn Du Dich selbst nicht liebst!?**

Dann ändere es! Mach Dir eine Liste mit Dingen, die

Ich möchte auch, dass Du nochmal über Deine Glaubenssätze nachdenkst! Sieh zu, dass Du keine negativen Glaubenssätze mehr hast.

Übung: Das kann ich gut:

Schreibe möglichst viele Dinge auf, die Dir einfallen! Nimm auch Deine refraimten Glaubenssätze mit auf!

_____

_____

_____

_____

Schon gar nicht schlecht, oder?

Jetzt schreibst Du Dinge auf, die Bekannte, Freunde, Arbeitskollegen an Dir schätzen!

_____

_____

_____

_____

Wow! Es geht doch! Warum magst Du Dich denn nicht, wenn Du so viele Sachen aufschreiben kannst? Du hast noch nicht viel aufgeschrieben? Dann mach noch weiter – Dir fällt noch viel ein!

Ich möchte, dass Du jetzt einen Liebesbrief an Dich selbst schreibst! Schreibe ihn so, als wärst Du eine dritte Person – also als ob Du den Brief an eine andere Person schreiben würdest. **Denke auch daran, was Du schon alles erreicht hast!**

Du könntest so anfangen:

Liebe Jenny,

ich möchte Dir mal ein paar Zeilen schreiben, weil ich Dir schon lange nicht mehr geschrieben habe, wie toll Du bist. Ich schätze und liebe Dich so für Deine Zuverlässigkeit. Jedes Mal, wenn Du Dich mit Freunden verabredest, bist Du pünktlich. Ich kann mich immer auf Dich verlassen, wenn ich Hilfe brauche ......

.... Selbst Dein Chef weiß Deine Zuverlässigkeit zu schätzen, und gibt Dir deswegen immer die anspruchsvollsten Aufgaben!*

(* refraimter Glaubenssatz von Seite ......)

Schreibe alles auf, dass Du in den beiden Übungen zuvor aufgeschrieben hast! Und schreibe alles in den Liebesbrief, was Dir beim Schreiben noch in den Sinn kommt!

Wenn Du fertig bist, dann lies Dir den Brief nochmal durch! Wie fühlt sich das an? Ich denke, dass Du Dich jetzt richtig gut fühlst, wenn Du an ALLES gedacht hast, dass Dich liebenswert macht. Nimm Deinen Liebesbrief, stecke ihn in einen Umschlag und lege ihn an einen sicheren Ort! **Wenn Du mal nicht gut drauf bist, weil Du Selbstzweifel hast, dann lies den Brief!**

Mein Chef, der Idiot!

Sicherlich habe ich auch einige Chefs in meinem Berufsleben kennengelernt, die mich zur Verzweiflung gebracht haben. Der letzte war so ziemlich der Schlimmste, den ich je hatte. Abmachungen, die vor zwei Monaten gemacht wurden, waren auf einmal hinfällig. „Was kümmert mich mein Geschwätz von gestern?" sagte er mir ins Gesicht. Es ist selbstverständlich nicht toll, wenn man als Arbeitnehmer nicht weiß, in welche Richtung man gehen soll. Heute hieß so, morgen wieder anders! Keine Strategie wurde lange verfolgt und wieder über Bord geworfen.

Eine Führungskraft muss verstehen, seine Mitarbeiter zu motivieren! Er sollte ihnen vermitteln, was die Ziele sind – ihnen eine Identität geben. Er muss eine Atmosphäre der Begeisterung und des fair-play miteinander erzeugen und es auch leben! Leider können dies die wenigsten Führungskräfte! Und da Du Deinen Chef nicht ändern kannst, musst Du Dich ändern und an Deiner Einstellung dazu arbeiten! Du denkst, Dein Chef ist ein Idiot?

Naja, das denkst Du vielleicht! Warte erst mal ab, was ich Dir dazu sage! *„Die Landkarte ist nicht das Gebiet!"* ist ein wichtiges und bedeutsames Axiom im NLP-Modell. Axiome sind Thesen, die angenommen werden. Und die Arbeit und das Verständnis für

Axiome kann und wird Dein Leben ändern! Was bedeutet jetzt *„Die Landkarte ist nicht das Gebiet!"*?

Ich will es Dir erklären! Jeder Mensch handelt anders! Das kommt daher, dass jedes Individuum unterschiedliche Erfahrungen, Werte und Einstellungen zu politischen, religiösen und sozialen Fragen hat. Jeder Mensch ist dadurch anders!

Wenn Du als Nichtraucher siehst, wie sich jemand eine Zigarette anzündet, wirst Du sagen „Wie kann man bloß rauchen?". Du hast vielleicht erlebt, dass jemand aus deiner Familie oder Bekanntenkreis an Lungenkrebs erkrankt ist. Oder Du legst einen anderen Maßstab an das Finanzielle und sparst lieber. Für den Raucher ist es Genuss. Er hat eventuell keine negativen Berührungen mit dem Rauchen gehabt. Für ihn ist es Lebensfreude oder Entspannung, wenn er sich nach der anstrengenden Arbeit eine Zigarette anzündet.

Du siehst doch bestimmt ab und zu mal Talkshows im Fernsehen! Dort gibt es auch kontroverse Meinungen zu unterschiedlichen Themen. Das hängt auch wieder von Erfahrungen, Werten und Einstellungen ab. Und das ist auch gut so, dass jeder Mensch anders denkt und fühlt!

Ich habe mich früher auch über andere Menschen geärgert, die Dinge gemacht oder gesagt haben, die nicht in „mein Bild" passten. Das macht es Dir selbst und insbesondere Deinem Leben schwer, wenn Du Dich über andere Menschen ärgerst, wenn sie nicht so handeln, wie Du es gerne hättest!

Ich ärgere mich über niemanden mehr, der nicht so ist, wie ich es gerne hätte. Denn die *„Landkarte ist nicht das Gebiet!"*. Jeder

Mensch sieht das gleiche in der gleichen Situation. Jedoch nimmt es jeder anders wahr.

Und dieses Axiom sollst Du Dir jetzt mal zu Herzen nehmen und darüber nachdenken, denn auch für Deinen Chef gilt es, dass er seine persönlichen Werte, Erfahrungen, Kenntnisse und Einstellungen hat. Und davon hängt sein persönliches Handeln ab. Er kritisiert Dich vielleicht für Dinge, die Du für nicht angebracht hältst. Oder in Situationen, in denen Du es nicht erwartest. Jedoch nimmt er es anders wahr. Wahrscheinlich merkt er es gar nicht, dass Du Dich nach einer Kritik, schlecht oder gekränkt fühlst.

Er möchte vielleicht weiter beruflich aufsteigen, mehr Bonuszahlungen erhalten. Auf dem Weg dahin, hat er die Aufgabe zu kritisieren und Verbesserungen herbei zu führen. Und da sind wir auch schon beim nächsten Axiom von NLP, dass da heißt: *Jeder Mensch handelt aus positiven Absichten!* Und das gilt für JEDEN, auch für Deinen Chef! Du hast schon zwei mögliche Motive kennengelernt, aus denen Dein Chef so handeln könnte. Beruflicher Aufstieg oder mehr Geld. Das sind seine positiven Motive. Und das ist verständlich! **Du handelst auch aus positiven Motiven! Egal was Du tust!** Du arbeitest, weil Du Geld verdienen möchtest! Du magst es nicht, dass Dein Chef Dich kritisiert, weil Du Dich gerne gut fühlen möchtest!

Hast Du als Kind mit Playmobil-Figuren gespielt?

Kauf Dir mal wieder ein paar Figuren! „Was?" wirst Du sagen, „was soll ich denn damit?" Das wird Dir helfen, Deine Situation aus einer anderen Ebene zu betrachten! Wenn Du Dinge und Situationen anders betrachtest, kommst Du aus Deiner Gefühlsebene raus. Du hast dann die große Chance, endlich aus Deinem „Jammertal" herauszukommen. Denn Du weißt, jammern macht es nicht besser! Im Gegenteil – Du fühlst Dich noch schlechter! **Du musst runter von deiner emotionalen Ebene und auf eine rationale Ebene.**

In meiner NLP-Ausbildung lernte ich Gabriele Beyer kennen. Sie hat mir neben der Energiearbeit auch vieles im Bereich der systemischen Arbeit beigebracht. Hierzu gehörten auch Aufstellungen, um Situationen aus einer anderen Ebene zu betrachten. Hierfür bin ich ihr unendlich dankbar. Nicht zuletzt, weil sie ihre Arbeit derart beherrscht.

Werde rational!

„Was ist eigentlich das Ziel?" musst Du Dich fragen? Und ich gebe Dir die Antwort! **Dass Ziel ist, dass Du Dich gut fühlst, und andere mit ihren Macken akzeptierst!** Und das klappt am besten auf der rationalen Ebene. Stell die Playmobil-Figuren so auf, wie Du die Situation an deinem Arbeitsplatz ist! Mit dem Vorgesetzen, Arbeitskollegen, eventuellen Untergebenen und Kunden. Stell den Chef vielleicht mit erhobenen Finger da, Du vielleicht sitzend! Wie auch immer sich die Situation für Dich anfühlt. Zueinander gewandt oder abgewandt. Stell Deine Kollegen hinzu, so wie Du die Situation siehst! Deine Kunden! Stelle die Figuren so, wie es sich für Dich anfühlt!

Und dann sieh Dir aus einer anderen Sicht an, wie sie Figuren stehen! Wie stehen die Figuren, wenn Du sie von einer anderen Seite des Tisches betrachtest? Wie stehen die Kunden, der Chef, die

Arbeitskollegen? Gehe mal aus Deiner persönlichen Sichtweise heraus! Betrachte die Figuren aus Sicht eines Dritten! Was verändert sich für Dich? **Gehe aus Deiner Gefühlseben heraus! Denn das hat es Dir in Deinem Arbeitsleben schwer gemacht, die Dinge rational zu sehen.**

Lade Freunde ein und bespreche die Situation! Was sehen Deine Freunde? Was nehmen sie wahr? Beispiel für eine einzige Figur:

A sagt: „Ich nehme wahr, dass Du mit Deinem Chef auf Konfrontation stehst!"

B sagt: „Ich nehme wahr, dass Deine Mitarbeiter hinter Dir stehen!"

Aha merkst Du was? Du hast die Figuren so positioniert, dass sie räumlich hinter Dir stehen. Also stehen sie auch im Arbeitsleben hinter Dir!

C sagt: „Ich nehme wahr, dass Dein Chef auf Dich zugeht!"

Verstehst Du, was ich damit sagen möchte? Eine Situation auf dem Tisch und lauter unterschiedliche Wahrnehmungen Deiner Freunde. Höre Deinen Freunden zu! **Es lohnt sich, weil Du eine andere Sichtweise bekommst!**

D sagt: „Ich nehme wahr, dass sich die Kunden vom Chef wegdrehen und dass sie sich Dir zuwenden!"

Also bist Du bei Deinen Kunden beliebt! Du wirst so viele Dinge aus der Aufstellung mitnehmen, das ist phänomenal!

Nur: Mache es und höre Deinen Freunden zu!

Macht so lange weiter, bis keine neuen Erkenntnisse hinzukommen! Vielleicht kannst Du mit einer neuen Sichtweise die Figuren umstellen, weil Du in Zukunft etwas im Berufsleben ändern möchtest. Dann macht noch einmal einen Durchgang mit veränderten Positionen der Figuren!

Nochmal! Mache es und höre Deinen Freunden zu, was sie wahrnehmen! Dies wird etwas ganz anderes sein, als Du gedacht hast!

Lass doch endlich Deine Gefühle heraus!
„Indianer weinen nicht!" hat mein Vater immer gesagt, wenn ich mich als Kind verletzt habe. Komischerweise habe ich mich immer besser gefühlt, nachdem ich geweint hatte. Und das geht mir noch heute so! Weinen befreit! Weinen baut den ganzen emotionalen Druck ab. Der israelische Biologe Oren Hasson hat in der Zeitschrift „Evolutionary Psychology" einen Artikel verfasst, in dem er von seinen Forschungsergebnissen bezüglich des Weinens berichtet. Es wird vermutet, dass in den Tränen chemische Substanzen eliminiert werden, die sich bei negativen Emotionen bilden. Das wäre eine

mögliche Erklärung dafür, dass man sich nach dem Weinen wesentlich besser und gelöster fühlt.

Also weine, wenn Dir danach ist und friss nicht den ganzen Ärger oder Kummer in Dich hinein! Aus meiner Sicht, macht es nur krank, wenn Du es nicht tust!

Und anschließend nutzt Du Deinen installierten Ressourcenanker und bist wieder stark und kräftig für neue Aufgaben!

Sag doch auch mal „Nein!"

Wie oft fühlst Du Dich überfordert? Wie oft bekommst Du Arbeit auf den Tisch gelegt, die Du gar nicht mehr bewältigen kannst? Und Dein Chef sagt zu Dir *„Herr Weber, machen Sie bitte noch das und jenes und so weiter!"* Du willst vielleicht endlich mal sagen, dass Du nicht mehr kannst und willst - aber Du machst es dann doch nicht! Und dann geht es Dir wieder schlecht, weil Deine Familie auf Dich wartet oder weil Du Dich heute auf einen ruhigen Abend zu Hause gefreut hast und nun machst Du wieder Überstunden!

Trau Dich, zu Deinem Chef zum Beispiel zu sagen: *„Herr xy, ich arbeite gerne und sehr effektiv. Jedoch möchte ich nicht, dass mir aufgrund meiner effizienten Arbeitsweise noch mehr Arbeit aufgetragen wird. Ich brauche auch Freizeit, um meine Arbeitskraft aufrechtzuerhalten!"*

Du wirst es wahrscheinlich nicht sagen, weil Du Angst vor möglichen Konsequenzen hast! Das kann auch durchaus berechtigt sein! Ich möchte auch nicht, dass Du gegenüber Deinem Chef zu einem Querulanten oder Nörgler wirst! Es geht hier lediglich um

Situationen, die Deine Leistungsfähigkeit übersteigen und damit gesundheitlichen Schaden hervorrufen können!

Wenn Du Dich noch nicht richtig traust, zu Deinem Chef „Nein!" zu sagen, dann fang im privaten Umfeld an. Du kennst doch bestimmt auch die Mitarbeiter von Geschäften oder Organisationen, die Passanten auf der Straße ansprechen, um Ihnen etwas zu verkaufen.

Übung: „Nein!" sagen auf der Straße

Weiche diesen Leuten mal nicht aus und lass Dich in ein Gespräch verwickeln! Lass Dir die Vorzüge des Produktes erklären und nimm es in die Hand oder was auch immer! Und wenn der Verkäufer schon denkt, er könne ein Geschäft mit Dir machen, sagst Du *„Ach wissen Sie: Das ist nichts für mich! Ich möchte das nicht!"* Basta!

Weitere Möglichkeiten, im Job „Nein!" zu sagen sind:

"Ich fühle mich im Moment überrumpelt, weil du von mir unter Zeitdruck eine Entscheidung möchtest. Gib mir zehn Minuten und dann sage ich dir Bescheid."

Bevor Du die Übernahmen einer zusätzlichen Arbeit zusagst, bitte Dir Bedenkzeit aus. Hinterher ärgerst Du Dich womöglich, dass Du die zusätzliche Aufgabe nicht abgelehnt hast. **Zusagen kannst Du auch noch in zehn Minuten! Aber Du kannst nicht zehn Minuten nach Deiner Zusage wieder absagen!**

"Ich kann verstehen, dass es dir nicht gefällt, wenn ich jetzt "nein" sage. Ich möchte mir aber deswegen keine Schuldgefühle machen lassen."

Du bist nicht verantwortlich dafür, wenn Dir jemand suggerieren möchte, dass jetzt Irgendetwas wegen Dir scheitert. Vermutlich hat Dein Chef den Fehler gemacht und übersehen, dass auf „die Schnelle" noch etwas zu erledigen ist!

"Ihr Lob freut mich natürlich sehr und trotzdem kann ich leider diese Aufgabe heute nicht mehr für Sie erledigen."

Oft versuchen Vorgesetzte Dich mit einem Lob in gute Stimmung zu versetzten, um Dir ein paar Minuten später eine neue Aufgabe zu geben. **Es ist eine Manipulation! Fall auf diesen Trick nicht hinein!**

Die Torero-Technik

Du möchtest gerne mit Deinem Chef sprechen und weißt nicht wie Du ihn ansprechen sollst? Oder hast Du schon mal einen Promi gesehen, und hättest ihn gerne etwas gefragt? Dann findet bei Dir bestimmt ein innerer Dialog statt, der Dir sagt, warum Du ihn jetzt nicht ansprechen kannst oder sollst!

Welche Ausrede /inneren Dialog hast Du, wenn Du xy ansprechen möchtest?

Innerer Dialog:

„Sie/Er hat doch bestimmt viel zu tun!", „Sie/Er will jetzt bestimmt nicht gestört werden!" oder was auch immer Dir Dein innerer Kritiker sagt. Nimm Deine „Ausrede" und nutze sie zu Deinem Vorteil! So geht es auch beim Ansprechen von Frauen oder Männern auf der Straße (Ich komme ja immer wieder auf diese Beispiele zurück – aber damit lässt es sich gut erklären). Ein Mann findet eine Frau sympathisch und möchte sie gerne ansprechen. Dem nicht geübten Mann fallen wieder zig Dinge ein, warum er sie gerade jetzt nicht ansprechen kann. *„Sie hat bestimmt einen Freund!", „Sie hat bestimmt keine Zeit und redet deswegen nicht mit mir!", „Sie wird bestimmt oft von Männern angesprochen!".* Bla-bla-bla! Es ist immer das gleiche!

Diesen inneren Dialog kannst Du nun für Dich nutzen, so wie der Torero die Kraft des Stieres nutzt, um ihm einen Todesstoß zu geben (Wobei ich gegen Stierkämpfe bin – nur mal am Rande). Du nutzt genau deine „Ausrede" und eröffnest damit das Gespräch:

„Hallo, entschuldige, dass ich Dich anspreche, Du hast bestimmt wenig Zeit ...."

„Hallo, Du wirst bestimmt oft von Männern angesprochen, aber Du siehst so toll aus – da konnte ich nicht anders."

Und genau das Gleiche kannst Du im beruflichen Bereich anwenden:

„Frau xy, sie sind bestimmt sehr beschäftigt, aber ich möchte eben mit Ihnen über xy reden!"

„Herr xy, sie haben im Moment bestimmt wenig Zeit, aber ich würde gerne über das neue Projekt sprechen."

Und jetzt formulierst Du Deinen Satz aus Deinem inneren Dialog:

_____

Deine Kommunikation

Schlagfertig, ganz schnell!

Bist Du oft sprachlos, wenn jemand was unerwartet Freches sagt? Dann gebe ich Dir etwas an die Hand, das das Argument Deines Gegenüber ganz schnell entkräftet.

Bejahen

Wenn jemand zu Dir etwas sagt, wie „Na, hat Dich heute Mami wieder angezogen?" kannst Du mit einer Bejahung seiner Behauptung antworten:

„Ja, richtig. Woher wusstest Du das?"

Übertreibung

Noch besser ist die Übertreibung – damit kann man aus meiner Sicht noch besser reagieren. Damit ziehst Du das Gesagte weiter ins Lächerliche!

„Nein, meine Urgroßmutter! Sie ist blind! Sie hat aber selbst ohne Augenlicht einen besseren Geschmack als Du!"

Isolation

Eine weitere, sehr gute Möglichkeit, Störenfrieden den Wind aus den Segeln zu nehmen, ist, den Störer zu isolieren. Ich war vor kurzem auf einer Urlaubsreise. Ein offenbar angetrunkener Passagier hatte sich noch ein wenig Alkohol mit ins Flugzeug genommen und trank davon. Als die Stewardess ihm die Flaschen wegnehmen wollte, fing er an zu pöbeln. Dann machte die Flugbegleiterin etwas sehr Geschicktes und isolierte ihn verbal. *„Mein guter Herr, bitte geben Sie mir doch die Flaschen! Die anderen Fluggäste möchten doch auch nicht, dass die Sicherheit gefährdet wird! Oder?"* Und damit holte sie sich die Zustimmung der anderen Passagiere. Und schon war der Angetrunkene isoliert und das Ziel wurde erreicht.

Das funktioniert natürlich auch sehr gut bei Störern in Meetings. *„Ich möchte Sie bitten auf ein angemessenes Niveau runterzukommen, damit WIR (die anderen Teilnehmer) das Meeting vernünftig durchführen können!"*

Konfliktlösung mit Kollegen

Konflikte mit Kolleginnen und Kollegen in der Firma sind unumgänglich! In meiner Welt müssen aber nicht alle Konflikte gelöst werden! Wer hat eigentlich den Konflikt – wer hat das Problem? Ich habe Dir schon vom NLP-Axiom *„Die Landkarte ist nicht das Gebiet"* berichtet. Es besagt ja frei übersetzt, dass jeder Mensch andere Schlüsse aus Situationen zieht. Und andere Meinungen zu gleichen Themen sind völlig normal und in Ordnung. Wenn Dir jemand etwas sagt, dass Dir nicht passt, dann ist es seine Meinung. Jemand anderes wird wieder eine andere Meinung dazu haben. Und ein dritter…

Lass Dich durch das Handeln einer anderen Person nicht aus dem Konzept bringen! Es ist Dein Leben, Dein Handeln, Dein Denken. Wenn jemand etwas anderes sagt, das Dir nicht passt, dann musst Du an Dir arbeiten! Dann hast Du nämlich ein Problem. *„Jeder Mensch handelt aus positiven Motiven und Absichten!"*. Was für Deinen Chef gilt, gilt auch für Deine Arbeitskollegen! Kritik eines Arbeitskollegen an Dir hat für ihn in dem Moment eine Bedeutung. **Und er tut es nicht um Dich zu ärgern, sondern aus einer positiven Absicht! Überlege Dir, welche positive Absicht hinter seiner Kritik steckt?**

In seiner Welt scheint die Situation anders zu sein, als in Deiner! Und das ist überhaupt nicht schlimm! Du musst dies nur realisieren und das Axiom *„Die Landkarte ist nicht das Gebiet!"* in Deiner Welt verinnerlichen! **Dann fällt es Dir so viel leichter im Leben!**

Wenn Du ein fleißiger Mitarbeiter bist und Dich darüber ärgerst, dass Dein Arbeitskollege alles „langsamer angehen" lässt als Du, dann ist es halt so. Du weißt doch gar nicht, welche positiven Motive dahinterstecken. Vielleicht hat er im Bekanntenkreis Menschen, die an Burn-out erkrankt sind und er sich davor schützen möchte. Aber es kann auch sein, dass er sich denkt *„Ach, wenn ich langsamer arbeite, dann macht mein Kollege ja meine Arbeit mit. Das ist angenehm!"*

Siehst Du das positive Motiv? **Er macht es nicht, um DIR zu schaden, sondern damit es IHM besser geht! Das ist ein riesengroßer Unterschied!**

Wenn Du nicht seine Arbeit mitmachen möchtest, dann solltest Du handeln! Und dann stellt sich wieder die Frage *„Was ist eigentlich das Ziel?"* Du könntest ihn jetzt anmeckern, aber das Ziel wirst Du damit nicht erreichen! Du machst ihn eventuell wütend oder verletzt ihn, wenn Du die falschen Worte findest. Du musst wieder aus der Gefühlsebene heraus und eine rationale Ebene erreichen! Denk nochmal nach! **„Was ist das Ziel?"**

Bei Kritik hat sich im NLP die folgende Methode bewährt: Du erreichst eher die gewünschte Reaktion beim anderen, wenn Du mit etwas anfängst, das Du am anderen schätzt, erst dann Deinen Änderungswunsch äußerst.

Was würde Dich eher zum Überdenken anregen? Wenn Dir jemand sagt:

„Hör mal, Gaby, mir geht es echt auf den Zeiger, dass ich den ganzen Tag Deine Arbeit mitmachen muss, weil Du hier eine ruhige Kugel schiebst!"

oder

„Gaby, ich beneide Dich dafur, mit welcher Ruhe Du manche Arbeiten erledigst. Ich würde mir jedoch wünschen, dass Du mehr Telefonate entgegen nimmst, damit ich mich mehr auf meine Arbeit konzentrieren kann!"

Nochmal! Es ist sehr wichtig, dass Du Deine Gefühle hinten anstellst und überlegst, wie Du Dein Ziel erreichst. Denk an die Playmobil-Figuren!

Small-Talk mit einfachen Mitteln
Den Small-Talk zu beherrschen ist mit Sicherheit ein förderliches Mittel, um Kontakte im Berufsleben zu knüpfen und das Leben im Job

einfacher zu machen. Ein gutes Verhältnis zu Arbeitskollegen zu haben, fördert das Miteinander im Job. Oft wird vergessen, dass Du auch Kunde in der Firma bist. Bist Du auch schon auf genervte und unfreundliche Mitarbeiter gestoßen, wenn Du mal etwas von ihnen wollest, zum Beispiel bei der IT-Abteilung, weil Dein Rechner nicht richtig läuft? Oder in der Personalabteilung, weil irgendetwas mit der Berechnung der Urlaubstage schiefgelaufen ist? Es gibt unzählige Beispiele, warum man auf die Hilfe von Kolleginnen oder Kollegen angewiesen ist. Und da helfen nette Kontakte halt weiter!

Ist Dir schon mal aufgefallen, dass Führungskräfte oft über sehr gute Small-Talk-Skills verfügen? **Das liegt unter anderem daran, dass meistens nicht die Mitarbeiter befördert werden, die über besondere Kenntnisse in ihrem Job verfügen, sondern die, die sich sehr gut verkaufen können.** Und daran solltest Du auch arbeiten!

Ich möchte Dir ein paar Techniken und Grundlagen aufzeigen, die es Dir ermöglichen, ein „beliebter" Mitarbeiter in Deiner Firma zu werden.

Stelle Fragen beim Small-Talk

Du kennst doch bestimmt den Satz „Wer fragt, der führt das Gespräch!". Das gilt auch beim Small-Talk! Wenn keine Fragen gestellt werden, dann kann das Gespräch sehr schnell abebben und uninteressant werden, weil keiner der Gesprächspartner mehr etwas zu sagen hat. Aus diesem Grund solltest Du Dein Statement immer mit Fragen beenden – und zwar mit offenen Fragen! Stellst Du Fragen, die lediglich mit „Ja!" oder „Nein!" beantwortet werden können, so macht es große Mühe im Gespräch zu bleiben.

Anstatt *„Guten Morgen, Frau Huber! Ist heute wieder Ihr erster Arbeitstag nach dem Urlaub? Sind Sie im Urlaub weggefahren?"* könntest Du sagen *„Guten Morgen, Frau Huber! Sie sehen aber gut erholt aus! Wo haben Sie denn Ihren Urlaub verbracht?"*

Oder anstatt *„Hallo, Herr Meier! Sind sie auch bei dem neuen Projekt Entspannung für Mitarbeiter dabei?"* sagst Du *„Hallo, Herr Meier! Wie finden Sie denn das neue Projekt Entspannung für Mitarbeiter?"*

Diese Fragetechnik „zwingt" Dein Gegenüber eine längere Aussage zu treffen. Und aus dieser Aussage kannst Du wieder neue Ansätze nehmen, um darauf zu antworten und anschließend eine neue, offene Frage zu stellen!

„Hallo, Herr Meier! Wie finden Sie denn das neue Projekt Entspannung für Mitarbeiter?"

„Ach, guten Tag Frau Kaiser! Ich finde es toll. Viele Menschen vergessen doch, sich regelmäßig zu entspannen. Einige Kollegen nehmen sich sogar noch Arbeit mit nach Hause!"

„Ja, das habe ich auch gehört! Ich mache das nicht. Ich bleibe lieber länger hier, aber mein zu Hause bleibt frei von beruflicher Arbeit! Auf welche Art und Weise können Sie denn am besten entspannen?"

Höre aufmerksam zu

Nichts ist unfreundlicher als dem Gegenüber nicht richtig zuzuhören, was er sagt. Wenn ich den Eindruck habe, dass man mir nicht aufmerksam zuhört, beende ich lieber das Gespräch. Zuzuhören ist eine Frage des Respekts. Und, Du hast gesehen, dass durch aufmerksames Zuhören der „Ball im Spiel" bleibt und Du die Konversation fortführen kannst, weil Du daran anknüpfst.

Die Papageien-Technik

Der Papagei spricht gerne Dinge nach, die er mal aufgeschnappt hat. Dies kann in einem Gespräch sehr sinnvoll sein, wenn Dir nichts einfällt und Du Dein Gegenüber im Gespräch halten möchtest. Du greifst einfach ein Wort oder einen Satzbaustein des anderen auf und wiederholst dies in Frageform – schon fühlt sich Dein Gesprächspartner wieder bereit zu antworten, da Du ja eine Frage gestellt hast!

„…. Also ich war in Südspanien und wir haben dort die Alhambra besichtigt!"

„Die Alhambra?"

„Ja. Ich fand es sehr überwältigend – besonders die Paläste der Nasriden!"

„Nasridenpaläste?"

„… die Nasridenpaläste waren Regierungssitz…."

Spiegeln und Rapportaufbau

Wenn Du ein Baby anlächelst, wird es normalerweise zurücklächeln. Unbewusst spiegelt Dich das Baby. Spiegeln führt dazu, dass Dich der andere angenehmer und sympathischer empfindet. Wenn Dein Gegenüber eine lockere Haltung einnimmt und Du stocksteif dastehst, dann ist es schwierig einen guten Rapport aufzubauen. Wenn der eine lächelt und der andere einen mürrischen Gesichtsausruck einnimmt, wird es ebenfalls schwer, denn der Gesprächspartner wird sich nicht sonderlich wohlfühlen.

Du kannst Körperhaltung, Mimik, Gestik, Sprechgeschwindigkeit des Gegenüber spiegeln ohne ihn „nachzuäffen". Passe die Faktoren nach und nach an! Greift er zu seiner Tasse Kaffee, dann nimm sie auch zeitversetzt! Schlägt er seine Beine übereinander, kannst Du es auch nach kurzer Zeit tun! Lehnt sie/er sich zurück, machst Du es auch! Somit entsteht eine gewisse Gemeinsamkeit, die sympathisch macht.

Nur am Rande: Das funktioniert auch beim Flirten!

Körpersprache und Status

Deine Körpersprache vermittelt unter anderem, wie Du von anderen wahrgenommen wirst. Hast Du eher eine demütige oder aufrechte Körperhaltung? Geh und bewege Dich selbstbewusst! „Raum und Zeit" unterstreichen einen hohen Status. Wenn Du Menschen, mit einem hohen Status siehst, wirst Du bemerken, dass diese Leute viel Raum aufgrund Ihrer Körperhaltung einnehmen. Sie sitzen breitbeiniger, breiten ihre Arme weiter aus.

Sie strahlen mehr Ruhe aus – also Zeit. Sie lassen sich nicht aus der Ruhe bringen und lassen sich beim Antworten mehr Zeit. Sie haben eine ruhigere Sprechgeschwindigkeit. Menschen mit hohem Status lassen gerne auf sich warten. **Oder warum meinst Du, kommt der Chef immer als Letzter zum Meeting, während alle anderen schon warten?**

Ich habe einige Übungen für Dich, die Du mit Freunden oder Arbeitskollegen durchführen kannst.

Übung: Schon beschrieben (in die Augen schauen)

Übung: Nimm mehr Raum ein!

Setz Dich auf einen Stuhl oder Sessel! Beobachte, wie Du Dich hingesetzt hast! Jetzt nimm mit Armen und Beinen mehr Raum ein! Vielleicht schlägst Du ein Bein über das andere. Oder setzt Dich ein wenig breitbeiniger hin – aber nicht übertreiben. Es soll ja nicht machohaft aussehen. Breite Deine Arme ein wenig aus und sitz nicht wie ein Mauerblümchen da. Mache einen selbstbewussten Gesichtsausdruck. Kopf aufrecht! Lächle ein wenig! Wie fühlst Du Dich jetzt?

Übung: Lass Dir beim Antworten Zeit

Mach diese Übung mit einer Freundin oder einem Freund! Einer stellt Fragen und der der andere antwortet darauf. Bevor Du antwortest zählst Du bis drei! Antworte ruhig und langsam! Anfangs fühlt es sich ein wenig merkwürdig an. Nach ein wenig Übung wirst Du sehen, dass es sich völlig normal anfühlt!

Steh doch einfach mal aufrecht!
Du wirst den Unterscheid sofort spüren! Du kennst doch bestimmt die Aussage: *„Er ist ein geknickter Mensch!"* Man spricht von traurigen Menschen, die einen Schicksalsschlag erlitten haben. Man

sieht es einem an. Warum? Weil auch die Körperhaltung dementsprechend ist. Da ist was Wahres dran!

Wenn Du eine stolze, aufrechte Körperhaltung einnimmst, dann fühlst Du Dich gleich besser! *„Lass Dich nicht hängen!"* ist auch so ein Ausdruck, der zu dem Thema passt. Wenn Du aufrecht stehst, bist Du glücklicher und zufriedener. Mach mal folgenden Test! Setz Dich auf einen Stuhl und nimm eine gebeugte Haltung ein! Lass Dich hängen. Jetzt machst Du noch ein trauriges niedergeschlagenes Gesicht dazu! Und dann sagst Du *„Ich bin so glücklich und zufrieden!"*

Und, was stellst Du fest? Du fühlst Dich überhaupt nicht glücklich und zufrieden! Dies hängt natürlich mit Deiner Mimik und Deiner Körperhaltung zusammen! Und da beide negativ sind, brauchst Du Dich nicht zu wundern, wenn Du Dich schlecht fühlst.

Also drehen wir das Ganze mal um! Nimm eine aufrechte, selbstbewusste Haltung ein! Lächle und sage Dir: *„Ich fühle mich heute so schlecht!"*

Das Resultat wird sofort deutlich. Du fühlst Dich gut, weil die Köperhaltung positiv ist. **Zusammen mit einem Lächeln auf den Lippen, kann es Dir gar nicht schlecht gehen!**

Und jetzt setzen wir noch einen drauf! Zusammen mit einem positiv formulierten Glaubenssatz fühlst Du Dich richtig gut! Also mache es regelmäßig! Wenn es Dir schlecht geht und Du negative Gefühle hast! Aber auch, um das Ganze zu trainieren.

Übung: Aufrechte Körperhaltung

Nimm eine aufrechte Körperhaltung ein! Stell Dir vor, dass Du eine angesehene Person bist, die bewundert wird, die erfolgreich ist!

Lächle, weil Du schon so viele schöne Momente in Deinem Leben erlebt hast!

Nimm einen Deiner refraimten Glaubenssätze, der ja nun positiv formuliert ist und sprich ihn mehrmals laut, z.B. „Ich fühle mich so gut, weil jeder Tag ein neuer Tag ist!".

Fühlt sich gut an, oder?

Deine Ängste

Angst ist an sich etwas Gutes! Es schützt Dich vor Gefahren. Jedoch sind viele Ängste aus der Evolution bedingt, die heute nicht mehr angebracht sind. Früher hat die Angst Menschen davor bewahrt, bei der Jagd zu Tode zu kommen, weil die Begegnung mit einem Säbelzahntiger tödlich verlaufen wäre.

Heute haben Menschen Angst vor Höhe, vor Spinnen, vor Krankheit, vor Überforderung oder Jobverlust!

Deine Eltern haben Dir wahrscheinlich immer wieder gesagt, wie schlimm es ist, keinen Job zu haben. Dein Unterbewusstsein hat dies gespeichert und nun ist Jobverlust mit etwas Negativem verbunden. Aber es ist nichts wovor man Angst haben muss! Dazu würde ich dann schon eher, die Angst vor unheilbaren Krankheiten zählen – zumindest in meiner Welt. Denn gegen eine Überforderung kannst Du etwas tun!

Überforderung im Job

Eine ständige Überforderung macht krank! Das ist mittlerweile hinlänglich bekannt. Oder warum werden immer mehr Arbeitnehmer aufgrund psychischer Erkrankungen krankgeschrieben und verursachen damit immense Kosten für Unternehmen? Aus meiner Sicht, sind dem die meisten Führungskräfte in dieser Beziehung nicht gewachsen und erkennen Überforderung bei Mitarbeitern nicht. Der Druck wird Jahr für Jahr für die Mitarbeiter größer, weil Vorstand und Geschäftsführung die Umsatzziele immer weiter heraufschrauben. Und das Ganze dann auch mit immer weniger Mitarbeitern, weil dort ja auch immer weiter gespart wird und die Anzahl der Mitarbeiter reduziert wird.

In meiner Welt geschieht dies aber immer nur in Unternehmen, in denen Führungskräfte und Manager kurzfristig denken. Viele denken nur an ihren eigenen Profit. Sie sind an Bonusmodellen beteiligt, die Jahr für Jahr ausgezahlt werden. Ob es dem Unternehmen noch in zehn Jahren gutgeht und ob der Job-Abbau und die höhere Arbeitsbelastung nachhaltig und langfristig sinnvoll sind, spielt erst einmal gar keine Rolle. Es wird nur an den eigenen Geldbeutel gedacht! Ein Inhaber denkt ganz anders, als ein angestellter Geschäftsführer!

Es gilt für Dich zu erkennen, ob in Deinem Unternehmen die Geldbeutel der Geschäftsführer, Abteilungsleiter und anderer Führungskräfte auf Kosten Deiner Gesundheit vollgemacht werden. Dies ist aus meiner Sicht immer dort der Fall, wenn Mitarbeiter immer wieder unter Druck gesetzt werden, um längere Wochenarbeitszeiten durchzusetzen. *„Wenn Ihr nicht länger arbeitet, müssen wir Mitarbeiter entlassen!"* ist dann häufig zu hören. Wenn ein angestellter Geschäftsführer sagt *„Uns geht es so schlecht!"* könnte es auch bedeuten: *„Ich will mehr Geld! Und Ihr müsst mir jetzt dabei helfen!"*

Also lerne auch mal *„Nein!"* zu sagen und lass Dich nicht von allem Gerede um Job-Abbau Angst und Bange machen.

Krank zur Arbeit?

Wie oft bin ich als Arbeitnehmer total erkältet zur Arbeit gefahren! Mit starken Kopfschmerzen, konnte mich kaum konzentrieren. Ich habe die Signale der Überforderungen im Job nicht bzw. zu spät wahrgenommen. Ich konnte schlecht schlafen. Gleichzeitig habe ich es belächelt, wenn mir meine damalige Frau berichtete, dass bei ihrem Arbeitgeber die Mitarbeiter reihenweise wegen Überforderung und psychischer Erkrankungen monatelang ausgefallen sind! „Alles Blaumacher!" hab ich mir gedacht. Bis es mich selbst erwischt hat. **Nur wer Panikattacken, Angstzustände und Depression am eigenen Leib verspürt hat, kann das mitfühlen!**

Der Fehlzeitenreport 2012 der AOK kommt zu folgender Erkenntnis:

„So nimmt vor allem die Anzahl der psychischen Erkrankungen kontinuierlich zu. Seit 1994 hat sich die Zahl der Tage, in denen Beschäftigte aufgrund psychischer Erkrankungen arbeitsunfähig waren, nahezu verdoppelt. Allein seit 2004 ist die Anzahl der AOK-Versicherten, die aufgrund einer psychischen Erkrankung in Behandlung sind, um 40 Prozent gestiegen. Das wirke sich auch auf die Behandlungskosten aus, so Deh. In den vergangenen acht Jahren sind die Ausgaben der AOK zur Behandlung psychisch Erkrankter um über eine Milliarde Euro gestiegen. Im Jahr 2011 lagen die Kosten bei 9,5 Milliarden Euro."

(Quelle: www.aok-bv.de)

Ich kann Dir nur sagen: Gehe nicht krank zur Arbeit! Erstens Deiner eigenen Gesundheit zu Liebe. Und zweitens dankt es Dir Keiner! Spätestens nach zwei Tagen ist es vergessen, dass Du Dich für die Firma „aufgeopfert" hast. Niemand wird es Dir danken, wenn es darum geht, Mitarbeiterplätze abzubauen! Es wird garantiert nicht berücksichtigt, dass Du so oft zur Arbeit gekommen bist, weil Du krank warst. Glaube es mir!

Angst vor Misserfolg

Viele Arbeitnehmer spüren im Job starken Druck. Besonders Umsatz- und/oder Absatzziele belasten – besonders, wenn sie unerreichbar scheinen. Aber auch die Flut von Aufgaben lassen Arbeitnehmer oft verzweifeln. *„Warum schaffe ich das nicht?"* fragen sich viele.

Du bist „nur" ein Mensch und keine Maschine! Gestehe Dir ein, dass Du nicht vollkommen bist, auch wenn es von Dir erwartet wird. Arbeite weiter an Deinen Glaubenssätzen! Wenn Du Dir sagst, *„Ich bin nicht so gut wie die Anderen!"* oder *„Ich kann das nicht!"* dann ändere Deine Glaubenssätze! Du hast in früheren Kapiteln gelernt, damit umzugehen und Glaubenssätze umzudeuten. Deine Glaubenssätze sollen nur positiv sein. Sage Dir lieber:

„Ich erkenne mich in meiner vollkommenden Unvollkommenheit an!"

oder

„Es ist, wie es ist!"

Du weißt, dass Glaubenssätze – oft genug gesagt - in Dein Unterbewusstsein übergehen und dort auch die notwendige

Änderung Deiner Einstellung und Gefühle hervorrufen! **Nutze diese Macht des Unterbewusstseins!**

Vielleicht wirst Du Dir sagen, *„Naja, er hat gut reden! Ich werde meinen Job verlieren, wenn ich meine Ziele nicht erreiche!"* Ist es wirklich so, dass Du Deinen Job verlieren wirst? Dann stelle ich Dir jetzt ein paar Fragen dazu?

„Wirst Du tatsächlich Deinen Job verlieren, wenn Du Dein Ziel nicht erreichst?"

„Ist das vorgegebene Ziel wirklich realistisch oder wird es nicht auch von externen Faktoren beeinflusst?"

„Was kann schlimmstenfalls passieren, wenn Du Deine Ziele nicht erreichst?"

„Was kann schlimmstenfalls passieren, wenn Du Deinen Job verlierst?"

In meiner Welt ist es kein Geld der Welt wert, seine Gesundheit aufs Spiel zu setzen. Und selbst Spaß, Entspannung und Lebensfreude sind meiner Ansicht nach wichtiger, als Geld. Man lebt nur einmal!

Fehler sind da, um gemacht zu werden!

Gibt es wirklich Fehler? Ich nenne es eher Erfahrung! **Denn aus jedem Fehler, den Du machst, lernst Du etwas!** *„Alles ist für etwas gut!"* sage ich mir oft. Und es ist wirklich so! Egal was in Deinem Leben oder am Arbeitsplatz passiert. Aus jeder Situation, aus jeder negativen Erfahrung nimmst Du Positives mit. Du weißt, wie Du es nächstes Mal besser machst. Du lernst Dich und die anderen Kollegen und Deinen Chef besser kennen. Du lernst, immer besser mit Kritik, mit Zurückweisung, mit allen negativen Erlebnissen besser umzugehen. **Habe daher keine Angst vor Fehlern, denn kein Mensch ist vollkommen!** Und wenn es darum geht eine Entscheidung zu treffen, obwohl Du nicht weißt, welche die bessere Wahl ist, solltest Du eine schnelle Entscheidung treffen. Wenn Du Dich für Variante A entscheidest und Du hinterher mit dieser Wahl unzufrieden bist, dann weißt Du noch immer nicht, ob die Variante B die bessere Entscheidung gewesen wäre! Also sage Dir lieber:

„Ich akzeptiere mich in meiner vollkommenden Unvollkommenheit!"

Aber was ist mit Jobverlust?

Es gibt Schlimmeres, als seinen Job zu verlieren! Wenn Jobs abgebaut werden, läuft es sowieso über eine Sozialauswahl, die deine „Aufopferung" nicht berücksichtigt.

Und ist es wirklich so schlimm, sich einen neuen Job zu suchen? Oder gehörst Du auch zu den Menschen, die gerne an alten Sachen kleben und Angst vor Neuem haben? Aber was kann schlimmstenfalls passieren? Wenn Du einen neuen Job hast, der Dir doch nicht zusagt, dann suchst Du Dir wieder einen Arbeitsplatz! Du bekommst so viel Neues dadurch! Neue Erfahrungen, neue Kenntnisse und neue Kontakte.

Und im allerschlimmsten Fall bist Du arbeitslos! Das ist für viele Menschen ein Horror-Szenario. Für mich nicht! Denn Du erhältst ja in dieser Zeit Arbeitslosengeld, bist kranken- und rentenversichert. Und Du hast die Chance, ein entspanntes Leben zu führen und Deine Gesundheit zu stabilisieren. Du wirst lernen, mit weniger Geld auszukommen und Du wirst vor allem lernen, dass die Gesundheit, Entspannung und Auszeiten wichtiger als alles Geld der Welt sind!

Unterforderung im Job

Natürlich gibt es auch Unterforderung, zum Beispiel durch immer wiederkehrende Routineaufgaben oder durch fehlende Perspektive im Job. Wenn Dich Deine Routineaufgaben langweilen und Du Dir mehr zutraust, dann frage dich Deinem Chef nach einem Projekt, dass Du gerne übernehmen würdest! So hast Du Chance, unter Beweis zu stellen, was Du kannst. Wenn Du Glück hast, springt ein anderer Job im Unternehmen für Dich raus.

Wie motiviere ich mich bei fehlender Perspektive?

Frage Dich erst einmal, was überhaupt Dein Ziel ist! Bist Du nur unzufrieden, weil Du mit Deinem Leben an sich unzufrieden bist? Oder jammerst Du gerne? Was willst Du wirklich erreichen? Oder möchtest Du beruflich aufsteigen? Hast Du die notwendige Qualifikation für den beruflichen Aufstieg? Setz Dir erst einmal richtige Ziele für Dein privates und berufliches Leben! Wie das vernünftig funktioniert, erfährst Du im nächsten Kapitel.

Fehlt Dir jegliche Perspektive in Deiner Firma, dann wage den Sprung und suche Dir einen anderen Job! Wenn Du Angst vor dem Neuen und Ungewissen hast, dann helfen Dir diese beiden Glaubenssätze:

„Ich lasse Altes los und gewinne Neues!"

„Veränderungen sind mir willkommen!"

Druck Dir die Glaubenssätze aus und klebe sie dorthin, wo Du sie täglich siehst! Sprich sie mehrmals täglich laut! Sie werden in Dein Unterbewusstsein übergehen und Du wirst keine Angst mehr vor Veränderungen haben.

Jetzt möchte ich Dir noch eine Übung zeigen, in der Du mit einer NLP-Technik Deine Motivation schnell erhöhst.

Ich habe Dir schon im Kapitel „NLP" die Submodalitäten aufgezeigt. Wenn Du Dich an eine Situation in Deinem Leben erinnerst, ist dies oft mit guten oder schlechten Gefühlen verknüpft. Diese Verbindung von Situation und schlechtem Gefühl (hier mangelnde Motivation und schlechtes Gefühl) können wir auflösen und ändern, indem wir an den Submodalitäten „schrauben"!

- Erinnere Dich an ein Erlebnis in Deinem Leben, in dem Du stolz warst, es erreicht zu haben! Such Dir ein Ereignis, bei dem Du Dich richtig gut gefühlt hast! Präge Dir die Submodalitäten ein! Ist es ein Film oder eine Fotoshow, die da in Deinem Kopf abläuft? Siehst Du es aus den eigenen Augen oder aus der Vogelperspektive? Ist es schwarz-weiß oder farbig? Ist es hell oder dunkel? Nimm Dir die Liste mit den Submodalitäten zu Hilfe!

- Kehre in das „Hier und Jetzt" zurück und lenke Dich kurz ab und denke an etwas ganz anderes!

- Jetzt versetze Dich in die Situation, die Dich nicht motiviert, bzw. für die Dir die Motivation fehlt! Beobachte die Submodalitäten! Was ist anders im Vergleich zu dem motivierenden Ereignis? Beobachte genau! Du kannst hinterher auch die Liste mit den Submodalitäten wie eine Checkliste durchgehen und die Unterschiede feststellen!

- Jetzt gehst Du noch einmal in den Zustand der Situation, für die Du mehr Motivation brauchst!

- Passe die Submodalitäten aus der ersten, motivierenden Situation an und übertrage sie auf die zweite Situation! Wenn beispielsweise die motivierende Situation, in der Du Dich stolz gefühlt hast, in Gedanken als farbiger Film abgespielt wird und die nicht motivierende Situation schwarz-weiß, dann mach den zweiten „Film" auch bunt!

- Übertrage die Submodalitäten von dem motivierenden Ereignis auf die Situation, für die Du mehr Motivation brauchst! Oft genügt die Änderung eines Details, um eine tolle Veränderung herbeizuführen!

- Wenn es sich gut anfühlt, dann „ankere" den Zustand mit einer Bewegung, Berührung oder einem Geräusch!

- Mach einen Test mit einer nicht motivierenden Situation und wende nochmals die geänderten Submodalitäten an! Wenn auch die hier die Motivation einkehrt, dann hast Du es geschafft!

- Stellt sich kein befriedigendes Ereignis ein, so suche nach einer Erinnerung, die sich noch besser anfühlt und mache die Schritte nochmal!

Setz Dir Ziele, aber richtig!

Du hast Dir bestimmt schon viele Ziele in Deinem Leben gesetzt. Sie waren mal beruflicher, mal privater Natur. Die meisten Ziele setzen sich Menschen um den Jahreswechsel. Wie oft hast Du schon gute Vorsätze gehabt, die sich in Windeseile in Luft aufgelöst haben? Hast Du jemals darüber nachgedacht, warum Du Deine Ziele nicht erfolgreich umgesetzt hast? Oder hast Du Dir gesagt „Ach, was soll es, dann halt nächstes Jahr!" Aber das Ziel war Dir doch wichtig, sonst hättest Du es nicht formuliert! **Dein innerer Kritiker, der Schweinhund war wieder stärker und hat Dich überredet Dein Ziel wieder loszulassen! War es so?**

Du kannst jedes Ziel erreichen! Jedes, solange es realistisch ist! Wenn Du in der Vergangenheit realistische Ziele nicht erreicht hast, dann liegt es vermutlich daran, dass Du Dein Ziel nicht motivierend genug formuliert hast. Wie es richtig und vor allem richtig motivierend geht, zeige ich Dir!

Das SMART-Modell

Mit dem SMART-Modell definierst Du ein motivierendes Ziel in 5 Schritten, Welches Ziel hast Du? Beispiele könnten sein:

* *„Ich will abnehmen!"*

* *„Ich möchte mehr Sport machen!"*

* *„Ich möchte den Job wechseln!"*

Hast Du Deine Ziele in der Vergangenheit auch in dieser Form definiert? Dann konnte es nur schiefgehen! Denn es fehlten wichtige Elemente in der Formulierung!

Welches Ziel hast Du (nenne Dein wichtigstes Ziel, wie Du es in der Vergangenheit formuliert hast)?

Schritt 1: Spezifisch formulieren (Buchstabe S)

Auf welches Thema bezieht sich Dein Ziel? Es ist wichtig, dass dieses nur von Dir abhängig ist! Die oben genannten Beispiele sind schon spezifisch, weil sie das Thema und Ziel an sich ansprechen und direkt von Dir beeinflusst werden können!

Beispiel: *„Ich will den Job wechseln!"*

Schritt 2: Messbar formulieren (Buchstabe M)

Jedes Ziel muss messbar sein. *„Ich möchte mehr Sport machen!"* oder *„Ich will abnehmen!"* sind nicht messbar formuliert. Sie sind zu allgemein. Ausreden sind dadurch leicht!

Beispiel für messbare Ziele:

„Ich möchte 10 kg abnehmen und dann 80kg wiegen!"

„Ich möchte 2x in der Woche für 60 Minuten Sport treiben!"

„Ich möchte den Job wechseln und als Abteilungsleiter arbeiten!"

Formuliere motivierende Teilziele!

Im ersten Schritt vielleicht : 4 Kilo Gewichtsabnahme usw.

Siehst Du den Unterschied? Es lässt sich im weiteren Verlauf „messen", ob Du Deinem Ziel näher gekommen bist oder ob Du es erreicht hast.

Formuliere jetzt Dein oben angegebenes Ziel so um, damit es messbar wird:

_____

_____

Schritt 3: Attraktiv formulieren (Buchstabe A)

Das ist das wichtigste Kriterium von allen, weil es Deine persönliche Motivation steigert. Es macht notwendig, dass Du Dich schon damit beschäftigst, wie es aussieht, wenn Du Dein Ziel erreicht hast! Beschäftige Dich damit! Was verändert sich, wenn Du Dein Ziel erreicht hast? Versuche, möglichst viele Sinne miteinzubeziehen! Lass es uns am Beispiel Jobwechsel durchspielen!

Gefühl (kinästhetisch) :

Wie fühlt es sich an, wenn Du es erreicht hast?

„… ich fühle mich dann großartig!"

„… es fühlt sich toll an, einen anderen Status zu haben!"

„… ich fühle mich dann gut, weil endlich den Absprung von meinem jetzigen Arbeitgeber geschafft habe und mein langersehntes Ziel erreicht habe!"

Visuell:

Wie sieht es aus? Wie siehst Du Dich im übertragenen Sinne oder real - vielleicht im Spiegel? Wie sehen Dich andere?

Begriffe für visuelle Sinneswahrnehmung:

sehen (sich selbst oder andere), bewundern, …..

„... wenn ich einen neuen Job als Abteilungsleiter mit mehr Gehalt und höherem Staus habe, bewundern mich meine alten Arbeitskollegen und Freunde!"

Auditiv:

Was bekommst Du zu hören? Was sagen Freunde, Bekannte und Familienmitglieder, wenn Du Dein Ziel erreicht hast?

Begriffe für auditive Sinneswahrnehmung:

sagen, ich bekomme zu hören, ….

„wenn ich den neuen Job bekommen habe, dann sagen meine Freunde, dass ich die richtige Entscheidung getroffen habe!"

Gustatorisch (schmecken):

Zugegeben, bei dem Beispiel mit dem Jobwechsel, ist es schwierig gustatorische Element ins Spiel zu bringen. Das ist beispielsweise bei Zielen der Gewichtsreduktion einfacher – nämlich wenn Du Dir sagst, dass Du chic essen gehst, wenn Du ein Teilziel erreicht hast. Aber auch in dem Job-Wechsel-Beispiel fällt mir etwas ein:

„... wenn ich den neuen Job habe, verdiene ich gut und führe meine Frau einmal im Monat in ein Spezialitäten-Restaurant aus und wir gönnen uns eine tolle Flasche Wein zu dem leckeren Essen."

Olfaktorisch (riechen):

Auch hier gibt es im privaten Bereich mehr Ziele, die eine Beschreibung einer olfaktorische Sinneswahrnehmung im Zielzustand beschreiben lassen. Ich persönlich rieche sehr gerne den Duft von Sonnencreme und dies verbinde ich sofort mit Urlaubserinnerungen und Urlaubsgefühlen (Anker).

Aber auch hier habe ich mir Mühe gegeben (und das solltest Du auch bei der Beschreibung der Attraktivität Deines Zieles machen) und habe ein Beispiel für die Geruchswahrnehmung bei Erreichung des Zieles Jobwechsel gefunden (wobei dies aus meiner Sicht eine untergeordnete Rolle spielt – aber ich will Dir ja die Möglichkeiten aufzeigen):

„… weil ich dann gut verdiene, kaufe ich mir gute und teure eau-de-toilette und rieche dann immer sehr gut."

So, und jetzt möchte ich, dass Du dein Ziel, dass Du unter dem Punkt „Messbar" neu formuliert hast, wiederum neu formulierst und die „Attraktivität" Deines Ziels mit in die Zielformulierung einfließen lässt! Versuche mindestens drei Sinneswahrnehmungen anzusprechen, die Dein Ziel attraktiv machen!

_____

_____

Schritt 4: Realistisch formulieren (Buchstabe R)

Definiere und beschreibe nur Ziele, die realistisch und auch realisierbar sind! Alles andere führt zu Demotivation! Ziele, die nicht erreichbar oder voraussichtlich nicht erreichbar sind motivieren nicht! Bespiele für unrealistische Ziele:

„Ich möchte in einem Jahr Millionär sein!"

(Als Mann): *„Ich möchte jeden Tag eine neue Frau kennenlernen und mit ihr tollen Sex haben!"*

„Ich möchte zehn Kilo in einem Monat abnehmen!"

Alle Ziele scheinen nicht besonders realistisch (Ok, vielleicht das zweite Ziel, wenn Du bei mir ein Flirt-und Ansprechcoaching oder den Männerworkshop buchst ☺)

Nimm Dir nicht zu viel vor! Zehn Kilogramm in einem Monat abzunehmen ist nicht realistisch! Und wenn, dann wird Dich wahrscheinlich der Jo-Jo-Effekt einholen. Auch im beruflichen Bereich solltest Du Dir stets realistische Ziele setzen.

Überprüfe nun Dein Ziel, dass Du im dritten Schritt neu formuliert hast! Ist es realistisch oder viel zu ambitioniert? Wenn es nicht hundertprozentig realistisch ist, dann formuliere es jetzt um:

_____

Schritt 5 (letzter Schritt): Terminiere richtig (Buchstabe T)

Es ist absolut wichtig und auch notwendig, dass Du einen Termin bzw. mehrere Termine für Teilziele formulierst! Denn Du willst Dein Ziel ja nicht irgendwann, sondern zu einem bestimmten Termin erreicht haben. Ansonsten wird Dir Dein innerer Schweinhund immer sagen „Ach komm, Du hast doch noch so viel Zeit, Dein Ziel zu erreichen! Morgen ist auch noch ein Tag!"

Auch der Beginn, Deine Bemühungen zu starten, um das Ziel zu erreichen, sollte klar und deutlich definiert sein:

„.. ich fange ab dem 1.März an wöchentlich fünf Bewerbungen zu schreiben!"

„... ich möchte bis zum 31.10. den Arbeitsvertrag für den neuen Job unterschrieben haben!"

„... ich möchte ab dem 1.1. in dem anderen Unternehmen arbeiten!"

Jetzt formuliere Dein Ziel zum letzten Mal um! Benenne Start- und Endtermin! Welche Etappen sind notwendig? Welche Zwischenziele möchtest Du erreichen oder sind dafür notwendig. Benenne und terminiere sie!

Das war es! Jetzt kann es losgehen!

Jetzt sollte Dein Ziel optimal definiert sein! Überprüfe nochmals, ob Dein Ziel spezifisch, messbar, attraktiv (unter Benennung von mindestens drei Sinneswahrnehmungen), realistisch und terminiert ist.

Es könnte so aussehen:

Für den privaten Bereich:

Welches Ziel ist motivierender und deshalb auch Erfolg versprechender? *„Ich will abnehmen!"* oder:

„Ich möchte ab dem 1.1. 20 Kilogramm abnehmen (spezifisch). Ich wiege jetzt 90 Kilogramm und ich werde am 30.12. nur noch 70 Kilogramm wiegen (terminiert, messbar und realistisch). Ich möchte zu jedem Quartalsende mindestens fünf Kilogramm abgenommen haben. Wenn ich mein Wunschgewicht erreicht habe, dann passen mir wieder die wunderschönen Anzüge/Hosen/Kleider, die ich in meinem Schrank habe. Die tollen Hosen sitzen wieder richtig gut am Po und es fühlt sich toll an (kinästhetisch attraktiv). Wenn ich mich im Spiegel betrachte, dann bin ich glücklich und zufrieden (visuell attraktiv). Mindestens zwei Bekannte oder Arbeitskollegen werden mich pro Woche fragen, ob ich abgenommen habe und dass ich gut aussehe (auditiv und visuell attraktiv). Für meine Leistung belohne ich mich bei jeder Erreichung des Teilziels mit einem tollen Essen beim Italiener, das mir so gut schmeckt (gustatorisch attraktiv). Viele Frauen/Männer werden mir hinterherschauen und das fühlt sich so unglaublich toll an (visuell und kinästhetisch attraktiv). "

Jetzt die Business-Variante:

„Ich werde bis zum 31.12. den Job wechseln! Ich schreibe ab dem 1.7. Bewerbungen, und zwar jeden Dienstag und Freitag (spezifisch, realistisch, messbar und terminiert). Ich möchte mindestens 500 Euro mehr verdienen, als in meinem jetzigen Job. Ich werde immer dienstags und freitags alle Jobportal durchforsten. Ich werden pro Woche mindestens 5 Bewerbungen schreiben. Wenn ich den neuen Job habe – und damit fünfhundert Euro mehr im Geldbeutel habe, werden mich meine jetzigen Arbeitskollegen beneiden (kinästhetisch attraktiv). Sie sehen in mir einen Menschen, der nicht nur redet, sondern auch handelt (visuell attraktiv). Da ich dann mehr Geld haben werde, werde ich tolle Anzüge tragen, die sich gut anfühlen und toll aussehen (kinästhetisch und visuell attraktiv). Ich werde mit meiner Frau, die lang ersehnte Kreuzfahrt machen, auf der wir es uns richtig gut gehen lassen (kinästhetisch attraktiv). Wir werden einmal im Monat beim Italiener essen gehen und uns eine tolle Flasche Rotwein gönnen (gustatorisch attraktiv).“

Vernünftig formulierte Ziele sind motivierend! Schon allein dadurch, weil Du Dich durch die Attraktivität Deines Ziels immer wieder in den Zielzustand hineinversetzen kannst. **Und das ist sehr wichtig! Denn Dein innerer Kritiker (innerer Schweinehund) wird Dir in der ganzen Zeit immer und immer wieder Argumente liefern, warum es sich nicht lohnt, das Ziel aufrecht zu erhalten!** Bei jeder Gelegenheit wird er Dich überreden wollen, Dein Ziel aufzugeben, weil Du es sowieso nicht schaffst oder weil es unnötig ist. Er wird Dir sagen :"Hey, Du bist doch das ganze Leben auch so gut zurechtgekommen! Warum willst Du Dich jetzt so anstrengen? Setz Dich lieber auf die Couch anstatt Bewerbungen zu schreiben. Auf der Couch ist es doch viel schöner!“

Mach Deinen Kopf frei!

Sehr wichtig für die psychische Regeneration ist Entspannung. Wenn Du am Arbeitsplatz unter Dauerstress stehst, sei es durch Überforderung, schlechtem Betriebsklima oder psychischem Druck, ist es absolut notwendig, dass Du in Deiner Freizeit abschalten kannst! Bei vielen geht die Belastung zu Hause weiter. Haushalt, Essen kochen, Kinderbetreuung und, und, und. Du musst Dir Auszeiten nehmen! Am besten nur für Dich! Was bringt Dir die Mitgliedschaft im Sportverein, wenn Du auch wieder unter Termindruck leidest, wenn Du nach der Arbeit noch dort „hinhetzen" musst?

Du brauchst Zeit für Dich allein oder mit dem Partner/Partnerin, wenn dies entspannend ist! Höre Musik, lies ein tolles Buch, gehe raus an die frische Luft! Mach das, was Dir Spaß und Entspannung bringt! Ich kenne Menschen, die haben auch in ihrer Freizeit einen derart vollgepackten Terminkalender, dass sie gar nicht zur Ruhe kommen. Und nimm Dir keine Arbeit mit nach Hause! **Dein Zuhause ist Dein Rückzugsort zum Entspannen! Es ist Dein Raumanker für Entspannung! Es sollte nichts mit der Arbeit zu tun haben!** Und aus meiner Sicht ist es ganz wichtig, dass Du eine Entspannungstechnik erlernst, die den Kopf frei macht. Ständige Gedanken, an ein bestimmtes Thema, wie beispielsweise den Job, machen „mürbe"! Sie lassen Dich nicht zur Ruhe kommen!

Ich habe vor Jahren versucht Autogenes Training zu erlernen. Ich habe sogar einen Kurs, in dem das Autogene Training in einer Gruppe vermittelt wurde, teilgenommen. Das Problem, das ich hatte, war allerdings, dass ich mir diese Wärme oder das Druckgefühl nicht „einbilden" konnte, da mein Kopf immer woanders war. Ich hatte immer andere Gedanken im Kopf, die es mir „verboten" haben, mich fallen zu lassen und die Entspannung zu genießen.

Richtige Entspannung konnte ich erst mit der Progressiven Muskelentspannung genießen. Der Unterschied zum Autogenen Training besteht darin, dass Du Dir bestimmte Empfindungen nicht vorstellen musst, sondern durch die Anspannung von bestimmten Muskelgruppen, wie zum Beispiel eine Faust ballen, eine körperliche Anspannung hervorrufst. Das Loslassen der Muskeln stellt im Vergleich der Anspannung einen tollen Zustand hervor – eine Leichtigkeit, eine Entspannung. Wenn Du keine Probleme hast, Dir Empfindungen vorzustellen, dann kann ich Dir das Autogene Training empfehlen. Hast Du Probleme damit, fang mit der Progressiven Muskelentspannung an!

Tom Krause hat mir noch eine weitere Übung beigebracht, die schnell den Kopf frei macht. Ich habe dadurch innerhalb weniger Minuten den Kopf frei von allem Belastenden. Und die Entspannung stellte sich bei mir schon beim ersten Mal ein. Probiere es aus – es wird Dich überraschen!

Übung: Die Flasche der Gedanken

Setzt Dich bequem irgendwo hin, wo Du Ruhe hast! Stell Dir vor, dass Du in der linken Hand eine leere Flasche hältst! Halte die Hand so, als würdest Du die Flasche halten! Jetzt nimm jeden Gedanken – wirklich jeden Gedanken, der Dir in den Kopf kommt und pack ihn nach und nach in die Flasche! Mach ruhig die entsprechende Handbewegung dazu! Führe die rechte Hand an den Kopf, nimm den Gedanken und lege ihn in die Flasche! Mache dies so lang, bis Dein Kopf frei ist! Du wirst sehen, wie toll es sich anfühlt, den Kopf freigemacht zu haben!

Mach das Beste aus Deinem Leben!

Kannst Du Dich noch an Deinen Gewinn erinnern, den Du von der Bank bekommen hast? Zwei wichtige Regeln waren ja, dass Du nichts sparen kannst, jeden Tag bekommst Du wieder neue 84600 und die Bank kann das Spiel jederzeit beenden.

Siehst Du die Parallele zum echten Leben?

Du hast jeden Tag 86400 Sekunden zur Verfügung!

Du kannst die Zeit nicht sparen oder anlegen!

Wenn sie weg ist, ist sie weg!

Du bekommst jeden Tag neue 86400 Sekunden geschenkt!

Der „liebe Gott" kann das Spiel jederzeit beenden!

„Der liebe Gott" kann das Spiel jederzeit beenden! Du weißt nicht, wann es zu Ende ist! Vielleicht schon morgen, nächsten Monat oder nächstes Jahr! Das weiß niemand! **Und warum lebst Du dann nicht genauso? Wie lange willst Du noch sagen: *„Ich werde mein Leben ändern und Spaß haben! Aber erst nächsten Monat oder nächstes Jahr!"***

Und wenn Du nächstes Jahr nicht mehr lebst oder schwer krank bist? **Was würdest Du tun, wenn Dir morgen Dein Arzt sagt, dass Du nur noch ein Jahr zu leben hättest?** Gerade einmal zwölf Monate – nicht mehr und auch nicht weniger? Würdest Du Deine Lebensträume verwirklichen? Würdest Du Dich noch jeden Tag ärgern, wenn Du zur

Arbeit fährst? **Oder ist das Leben nicht viel zu kurz und zu schade, um sich jeden Tag zu ärgern und zu jammern?**

Schreibe bitte auf, was Du in den nächsten zwölf Monaten, privat und beruflich, machen würdest, wenn Du morgen erfahren würdest, dass Du nur noch ein Jahr zu leben hättest?

_____

_____

_____

Kannst Du Dir denken, welche Frage ich Dir als nächst stellen werde? Nicht? Dann schau mal auf die nächste Seite!

**Warum fängst Du nicht
sofort damit an???**

Mach was draus!

Meine Eltern haben ihr ganzes Leben gearbeitet. Haben sich für die Abzahlung eines Hauses „krummgelegt" und geschuftet. Mein Vater hat 38 Jahre „unter Tage" in einer Zeche gearbeitet. Er bekam kaum noch Luft, als er aufhörte. Die Berufsgenossenschaft hat seine Silikose nicht als Berufskrankheit anerkannt – was aus meiner Sicht einer Respektlosigkeit und Frechheit ist. Gutachter, die in ihrer Beurteilung teilweise nicht objektiv sind, führen Gutachten durch. Denn wie kann man objektiv sein, wenn ein Großteil der Aufträge von der Berufsgenossenschaft erteilt wird?

Meine Mutter hat sich tagtäglich um den Haushalt gekümmert und ist zusätzlich noch putzen gegangen, um die Abzahlung des Hauses zu sichern. Sie sagte mir einmal *„Das ganze Leben lang haben wir gearbeitet und haben uns keinen tollen Urlaub gegönnt. Und jetzt, wo wir es finanziell könnten, sind wir alt und krank!"*

Diese Worte werde ich nie vergessen! Ich habe mich auch noch vor einigen Jahren auf die Rente gefreut. Ich habe mir gesagt „Wenn Du in Rente gehst, dann kannst Du den Ruhestand, die Freizeit genießen!" Heute denke ich anders! Wer sagt mir denn überhaupt, dass ich das Rentenalter erreiche? Was ist, wenn ich schon in einigen Jahren sterbe? Dann habe ich das ganze Leben gearbeitet, und war in dieser Zeit unzufrieden! **Also ist es doch wichtig, dass ich in dieser Zeit ein tolles Leben führe! Also mach was aus dem „Hier und Jetzt"!** Sieh zu, dass dein jetziges Leben erfüllt und schön ist! Wenn du widerwillig zur Arbeit fährst, dann ändere jetzt Deine Einstellung dazu und nimm Dir meine Vorschläge zur Änderung Deiner Einstellung und zur Veränderung Deiner Gefühle zu Herzen. Sofort!

Und deshalb stelle ich Dir zum Ende dieses Buches nochmal die Frage:

„Ist das Leben nicht viel zu kurz und zu schade, um sich jeden Tag zu ärgern und zu jammern?"

Seminare und Workshops von und mit Andreas Broszio

www.der-wohlfuehlcoach.de

„Verliebt in den Job! – Vom Montagsfrust zur Montagslust"

Hast Du auch keine Lust, morgens zur Arbeit zu gehen? Ständig Ärger mit dem Chef? Deine Kollegen gehen Dir immer auf den "Zeiger"? Du fühlst Dich total unterfordert? Oder bist Du ständig im Stress und fühlst Dich immer überfordert? Fehlt Dir eine Perspektive im Unternehmen? Du hast Angst vor Misserfolg im Job und kannst deshalb schlecht schlafen? Hast Du keine Motivation mehr?

Magst Du es jetzt ändern?

„Ruck-Zuck-Selbstbewusst!"

Du fühlst Dich oft "unterlegen" - traust Dich nicht, das zu machen, was Du gerne möchtest? Du fühlst Dich unter vielen Menschen nicht wohl, Du stehst nicht gerne im Mittelpunkt - Du hast Angst Dich zu blamieren?

Seminare und Workshops von und mit Andreas Broszio

„Männerworkshop"

Wenn Du Hemmungen hast, fremde Frauen anzusprechen - wenn Du nicht weißt, was Du sagen sollst, nachdem Du eine Frau angesprochen hast - oder immer nur der gute Freund von Frauen bist - DANN IST DIES DER RICHTIGE WORKSHOP FÜR DICH!

„Ziele und Motivation ganz einfach!"

Wie oft hast Du schon versucht, abzunehmen oder das Rauchen aufzugeben? Du hast Dich im Fitness-Studio angemeldet , zahlst eine Menge Geld hierfür und gehst nicht hin?

Was hindert Dich daran, es endlich umzusetzen?

Das werden wir gemeinsam herausfinden!

„Burn-Out – nicht mit mir!"

Wenn es um Burn-out und Depression geht, kann ich sehr gut mitreden, denn ich habe es am eigenen Leib verspürt. Ich weiß, wie es sich anfühlt, Panikattacken zu bekommen und das Gefühl zu haben, den Tag nicht zu überleben. Nach dem Ausbruch war ich wochenlang in einem Status "Stress pur", obwohl ich nicht gearbeitet habe.

Der Autor

Andreas Broszio

www.der-wohlfuehlcoach.de

NLP-Master-Practitioner
(Society of NLP, Dr. Richard Bandler)

„NLP bietet viele Werkzeuge um Veränderungsarbeit zu leisten. Schlechte Gefühle lassen sich sehr schnell in gute Gefühle umwandeln, Ängste lassen sich abbauen. NLP ist ein Modell, das uns verstehen lässt, warum Menschen so handeln, wie sie handeln!

Mit meinen Einzel- und Gruppencoachings und Seminaren, die ich bundesweit anbiete, können wir sehr schnell positive Veränderungen erreichen!"